いつやるか？今でしょ！

今すぐできる45の自分改造術！

クール
カリスマ講師

林　修

宝島社

はじめに

僕たち予備校の講師は、「わかりやすい授業」を目指して努力します。僕も若い頃はそうでした。生徒が目を輝かせて、そうか、わかったぞ！　と満足すると、その顔を見て自分も満足していたのです。

しかし、いつの頃からか、どこか不満を感じるようになったんです。確実に「わかりやすい授業」はできている、生徒の満足度もずっと高い水準を維持している――それでも、何か違う、そういう思いが消えませんでした。

そんなときでした。1枚の紙切れが、部屋の片隅から出てきたのです。

「かのギリシア・ローマの昔、キケロが演説を終わったとき、民衆は『なんと雄弁だろう！』と感服した。しかし、デモステネスの演説が終わると今度は、口々に叫んだ『さあ、行進しよう！』と」

あっ、これだ！　自分の授業に欠けていたものがようやくわかりました。このアメリカの政治家の言葉が書かれた古びた紙切れは、当時、父の勤める会社の業績が悪く、社員に、特に若い社員に立ち上がってほしい、という願いを込めて全社的に配布した冊子でした。

それを父はなぜか息子の僕にまで渡してくれたのです。

今の僕は、生徒を単に「感服」させるだけでなく、「行進」させることができているのだろうか？

「プロ」である我々が「わかりやすい授業」をするのはあまりにも当然のことであり、それは前提にすぎません。にもかかわらず、それが目的になっていた自分を恥じました。

予備校の授業時間よりもずっと長い受験生の日常時間に、彼らが「行進」すなわち勉強しようという思いをかき立てることこそが、我々の真の仕事だとようやく気づいたのです。

授業を、終点ではなく、日常の飛躍に向けてのスプリング・ボード＝踏切板にせねばならない——そう考えた僕は、それまで以上に準備と工夫を重ねるだけでなく、生徒が日常に飛び出していきたくなるような言葉を発信するようになりました。

「いつやるか？　今でしょ！」

今、何をやるべきかがわかったんでしょう？　なら、いつ走り出すの？　今しかないでしょう？　この言葉には、そういう想いが凝縮されています。いつ、どこで発したのかの記憶が定かでないですが、それは表現は違えど、いつもそういう言葉を生徒に投げかけてきたからです。僕にとって、あまりにも当たり前の言葉だったからです。

僕は過ちの多い人間だという自覚があります。しかし、それに気づいた瞬間に何のためらいもなく直せる人間であるとも思っています。「過ちては改むるにはばかることなかれ」という論語の教えを、誰よりも実践してきたというささやかな自負を抱いています。人が変われるとしたら、変わらなければと気づいた瞬間以外にはないのです。

また、あるとき、生徒にこんなことを聞かれました。

「先生はどうしてそんなに元気なんですか？」

そうです。僕は元気な人間なんです。車を運転しないせいもあって、とにかくよく歩きます。びっくりするほど重い荷物を持って、気が遠くなるような距離を平気で歩きます。その間、目は絶えず動いています。目が動けば頭も動きます。

僕があきれるほど元気なのは、そのせいだと思います。とにかく頭を使ってよく考えます。そうやって見ていると、今の人、特に若者はちょっと元気がないなぁ、と思わざるを得ません。

どうしてだろうか、と観察していると、考え方そのものが、ほんのちょっとずれているせいで苦しんでいる人があまりにも多いことに気づいたのです。

それが、この本を書いた理由です。

この本に書かれているのは、僕だけでなく、僕の知っている楽しく生きている人間にとっての「普通」の考え方です。みなさんが、この本を読んで、「そう考えればいいのか！」と元気に日常に飛び出していってくれることこそ、僕の願いなのです。

あぁ、こういう考え方があったのか、今気づいた——だとしたら、いつ実践しますか？

「今でしょ！」

この本が、みなさんのより楽しく、より充実した人生に向かって「行進」していくための、スプリング・ボードの役を果たすことを強く願っています。

いつやるか？　今でしょ！　目次

第5章 自分の判断基準を一度リセット——できないことはできる人に任せる

第1章

今すぐやるべき基本の習慣

——できる人の「普通」を今日から取り込む

挨拶は「誰にでも平等に」しよう！

今でも目に浮かぶ光景があります。大学時代、講義前にトイレに行こうとしたら、清掃中の札が掛かっていました。そこでほかのトイレに行こうとしたんですが、後ろから来たのがなんとその講義の教授でした。

もちろん僕はあわてて頭を下げました。すると、教授は僕と同じくらい、いや、僕以上に深々と頭を下げられたのです。それだけではなく、ちょうど出てきた掃除のおばちゃんに対しても、まったく同じ角度で頭を下げられたうえで、

「お疲れ様です」

と、挨拶されたのでした。

清掃中の札が外され、中に入ると、まあ男性なら情景が浮かぶでしょうが、お互いが正面を向いた視線を合わせない状態で会話が行われることになります。そして、この状況って意外と本音が出やすい状況だったりするわけです。そんなわけで僕から教授に、

「先生って本当に礼儀正しいんですね」

と、今考えればちょっと生意気なことを言っちゃったんです。すると先生は、

「ああいう方が、自分の仕事をしっかりしてくださるおかげで、こうやって気持ちよく用を足せるんですから、ありがたいことです」

と、僕のほうを見ないでおっしゃったんです。

その後、講義が始まったんですが、僕はずっと「挨拶」の意味について考えていました。そして、そのとき初めて、挨拶の本当の意味をわかったような気がしたんです。

挨拶を誰にするかといえば、もちろん声をかけるその相手です。しかし、挨拶はその人にだけでなく、**世間が挨拶する僕を見る機会**でもあるのです。

僕にとって一番の衝撃は、僕と、掃除のおばちゃんに対してまったく同じお辞儀を先生がされたことです。ちなみに、その先生は日本の法曹界の大御所と言ってよい、東大法学部の教授の中でも特に有名な方でした。


「元気に、大きな声で挨拶しましょう」と子どもの頃に教わりますよね。もちろんそれ自体は間違っていません。しかし、挨拶において最も大切なことが抜けています。それは、

誰に対しても同じように深く頭を下げること

ということです。

あなたの周りにこういう人はいませんか？　会社などで、偉い人が来ると急にペコペコするくせに、それこそ先にあげたような掃除のおばちゃんが挨拶しているときには、偉そうに鼻であしらうような態度をとったり、ひどいと無視さえするような人。また、夜の街の、キレイなおネエさんが出てくるような店で、そういうおネエさんに対しては、気持ち悪いほど愛想のいい声を出すくせに、黒服と呼ばれるボーイに対しては威張りくさった態度で接する人。

こういう人は挨拶の本当の意味を知らない人です。実は、そういうところを「おネエさん」たちはちゃーんと見ているんですよね。それが何を意味するのか……、それは書かなくてもおわかりですよね？

さて、話を戻しましょう。

偉い人には当然頭を深々と下げなければなりません。サラリーマン社会なら、特にそうでしょう。この姿をイヤらしい、**打算的と思わせないためにすべきことはただ1つ、同じような挨拶を誰に対してもすることです**。

美しい挨拶をする姿は、実に美しいものです。しかも、その姿を必ず見ている人がいるんです。

ああ、この人は地位の上下に関わりなく礼儀正しい人なんだな、という印象がマイナスになることなどあるのでしょうか？　そのおばちゃんだって、いやな思いはしないでしょう。さらに、少しえげつない話をしますと、

頭を下げるコストはゼロ

なのです。掃除のおばちゃんに頭を下げて何になるんだよ、そういう人がいると思います。でも、コストはゼロ、タダなんです。1円も使うことなく、自分の社会的評価を上げることができる――そんな都合のいいことは、この世の中にめったにありません。

だから世の「わかっている」人たちは、実践しているんです。もう結論は明らかですよね。挨拶を大きな声ではきはきすることは大切です。しかしもっと重要なことは、その均等性、平等性です。そういう挨拶が自然にできるようになったとき、あなたに対する世間の評価は少し変わっているはずです。

日常に転がっている「練習問題」を解こう！

「学校でやった受験勉強なんて、しょせん社会に出たら役に立たないんだよ」

そういう声をよく聞きます。

たしかに、魚屋さんが

「そうだ！　2直線の交点を求めよう。あれ、どうやるんだっけ？」

なんてことになるとは思えません。でも、学校の勉強って、そんなに社会生活とかけ離れているのでしょうか？

昔、学校でやった問題に、「筆者がこう述べるのはなぜか」とか、「なぜこの○○が起こったのか説明せよ」なんていうのがありましたよね。

こういう「なぜか」の問題はすべて、理由を考えるようあなたに求めてきます。Aという結果が起こった、その理由はなんなの、と聞いて、BだからAという因果関係を作り上げることを求めてくるのです。

こういう頭の使い方は、社会のすべての人に求められているものです。大げさではなく、**私たちは一生「なぜか」の問題を解かなければならないのです**。

Bという原因があるとAという結果が起きる、という法則を因果律と言いますが、企業は、この因果律を血眼《ちまなこ》になって追い求めて活動しているのです。

「急にこんな商品が売れ始めた、なぜだろうか？」

企業は「なぜか」の問題を解き始めます。その理由がわかれば、つまりは因果律を確立できれば、自分たちもまた同じように売れる商品を開発して利益を上げることが可能になるからです。

僕の仕事であっても、

「今日の生徒の反応はイマイチだった、その理由はなぜだろう？」

そうやって「なぜか」の問題を解き始めます。

人が社会に出てからもずっと「なぜか」の問題を解かなければならないことがおわかりいただけたら、問題が起きてから急に頭を使うのではなく、普段から訓練しておくべきなのです。

「2軒の同じような店が並んでいるのに、一方はとても繁盛していて、一方はイマイチなのはなぜだろう?」

「これだけ商品の入れ替えの激しいコンビニで、どうして『ジャイアントコーン』と『ガリガリ君』は、自分の場所をキープしつづけることができるのだろう?」

そんな「練習問題」は日常にゴロゴロ転がっています。

さあ、目を動かし、じっくり考えて問題を解いてください。そうすることで、自分が本当に解かねばならない「なぜか」の問題を解く能力を高めていくことができるんです。

ボーッとしていても、ゲームに熱中していても、日常の時間は過ぎていってしまいます。

こうやって、日常を思考の訓練の場にしてしまうことこそが、あなたのスキルアップにおいて最も大切なことなんですよ。

歩きながら考える習慣をつけよう！

以前、自転車で走っていて、ある優秀な進学校の下校風景に出くわしたことがあります。校門から出てくる生徒の大半は、スッス、サッサという感じでスピード豊かにまっすぐ歩いて視野から消えていきました。そして、高校生らしいというか、いい子たちだなぁというか、何とも言えぬ「いい感じ」が伝わってきたのです。

僕までなんとなくいい気分になって自転車を走らせていくと、また別の高校にぶつかりました。あまり評判が芳《かんば》しくないというか、ちょっと「元気すぎる」生徒が多いというか、そういう男子校です。しかし、その風景のあまりにも大きな違いに愕然としたのです。ダラダラというかなんというか、前を見てきちんと歩け！　と怒鳴りつけたくなるような光景が目の前に広がっていたのです。歩き方が与える印象の違いを深く認識した瞬間でした。

この2つの学校の違いは、もともとは受験勉強が少しできるかどうかという、長い人生のなかでとらえれば、実に些細《ささい》な要素の差異から生じたものです。しかし、僕がその下校風景から感じた違いは、そんなものでは説明できないほど大きなものでした。

そもそも、きちんとした歩き方とはいかなるものでしょうか？　へそ下に軽く力を入れて、背筋を伸ばし、あごを引いて遠くを見据え、しかもやや速足で歩くことと言っていいでしょう。速く歩くということは、ぶつかる可能性が高まることでもありますから、目をよく動かして注意深く観察する必要も生じます。そう、ゆっくり歩くよりも、実は多くのものを精力的に見ることにもなるんです。そして、目が動けば、人間の頭は動くようにできています。

しかも、**人間の頭はからだが静止しているときよりも、一定のリズムで動いているときのほうがよく働くものです**。僕が好んで行う速足での散歩で、アイデアが次々と浮かんでくるのはこういうメカニズムによるものだと思っています。

ウソだぁ、と思う方がいらっしゃったら休みの日にでも一度試してみてください。速く歩きながら考える時間が、いかに楽しいものかを実感いただけると思います。

僕の予備校（東進ハイスクール）のなかに、東大特進コースという部門があります。その専属スタッフは全員東大生なんですが、彼らはみな歩くのが速いんですよ。先日も、渋谷の人込みで見かけた彼らの1人を、僕だって決して歩くのが遅いほうではないのに、ついに見失ってしまいました。

後日、その見失ったスタッフに聞いてみたところ、ずっとそんなふうに歩いてきたとのことでした。そしていつも何か考えながら歩く習慣があり、受験時代にはたいてい頭のなかに、数学の問題を1問入れていた、とも言っていました。

さすがにそこまではまねができないとしても、日常のごく何げない時間が、実は頭を鍛える時間になっている、しかもそれを何年も何年も積み重ねていったら――冒頭の2つの学校の違いは、結局そういうことだったのではないでしょうか？

歩くこと、特に少し速足で歩くことの効用を理解していただけたら、あとは実際に歩くことです。健康面で支障がないなら、できるだけたくさん歩くことが大切です。そのためには、車に乗る時間を減らすという提案も浮上します。

交通の便が悪くて車でなければどうしようもないところに住んでいるというのであれば、それは仕方ないと思います。あるいは、職業上どうしても車が必要だという場合も同様です。しかし、そうではないのについ車に乗ってしまう、特に通勤で恒常的に車を使うというのであれば、一度見直してみてはいかがでしょうか？

「まず車で通うのをやめたら？」

以前、生徒の支持率が上がらないと悩んでいた若い講師に相談を受けた際に、僕は、と言いました。そして、今述べたように自分の足で歩きながら考えることの大切さを説いたのです。でも、それだけが理由ではありません。

もし車を使わなければ、電車やバスといった公共機関を使うことになるでしょう。するとそこには、自分の仕事の対象である高校生が、その生態をあらわにしているんです。どんな漫画を読んで、どんなカバンを持って、どんな話をしているか?

彼らにわかってもらうことが我々の仕事だとしたら、その手がかりがふんだんに落ちている環境を自ら捨ててしまうというのはあまりにも愚かな選択です。少なくとも、僕が今まで見てきたなかでは、**この人は優秀だなぁ、素晴らしい講師だなぁと思う人で、車で通ってくるような人は1人もいません**でしたね。もっとも、僕の知らない世界に、車で通勤される優秀な先生がいないとまでは言いませんが。

そしてこういうメリットは予備校講師に限られたものなのでしょうか? そんなことはないでしょう。どんな仕事をしていたって、どこかで世間一般を相手にし、つながっているはずです。今まで、僕が電車のなかで得たようなさまざまなヒントが街中にたくさん落ちているはずで、あとはそれを拾い切る目を持っているかどうかの問題です。この本を読んで、目を動かして考える頭を持っている人なら、多くのことを見つけるはずです。

質問は「意味を考えて」すべし！

本屋でビジネス書を立ち読みしていたら、「まず、上司や先輩に質問や相談をしてみよう」と書いてありました。率直に言ってちょっと驚きました。実際、「わからないことがあれば質問すればいい」と多くの人が気軽に言います。しかし、本当にそうでしょうか。

大学の同級生で、切れ者と評判で、今や重職にある友人にこの話をしたところ、「質問の中身によるね。でも、そんなことも自分で考えられないのか、と思うことが続いたら、僕はその部下を切ってしまうだろうな」という答えが返ってきました。やはりです。

とはいえ、質問という行為自体が悪いわけではありません。行為の本質を理解して行えば、とても意味ある行為になるものです。では質問の本質とはいかなるものでしょうか？

①自分の考えの及ばない範囲を他人に考えさせ、その知恵を自己のものとする行為

②問題に真剣に取りくんでいる姿勢を伝えるだけでなく、深く考えてもいることを他人にアピールする行為

質問とはこういう行為なんです。ですから、相手を一瞬詰まらせ、相手のお知恵を頂戴すると同時に「う〜む、こやつなかなかやるな」と思わせてこそ、意味が生まれるんです。

それなのに、ちょっとわからないことがあるからといって上司や先輩にすがっているようではどういう評価になるか、もうおわかりですよね。「自分で考える力のない使えないやつ」という烙印《らくいん》を押されることにもなりかねません。例を挙げて確認していきましょう。

「先生、この参考書をやったほうがいいですか?」

「やったほうがいいですよ」

「これはどうですか?」

「やったほうがいいですよ」

「じゃあ、これはどうですか?」

「やったほうがいいですよ」

「いったい、どれをやればいいんですか?」

たしかに、僕の答え方が少し意地悪なのは認めます。しかし、質問の仕方として間違っている、あるいは意味のある質問になっていないのは事実です。

ある参考書を「やったほうがいいか」という質問に対しては「やったほうがいい」か「やらないほうがいい」のどちらかを選択して答えることになります。「やらないほうがいい」参考書などまずありませんから（実は案外あったりするんですが）、この質問に対しては、「やったほうがいい」としか、答えようがないのです。質問する側が、よく考えずに質問するものだから、相手の知恵を搾り取ることができないのです。

ではどういう質問ならよかったのでしょうか？

「今の偏差値が60くらいで、ここからひと月の間に、できればあと5～10くらい上げたいんですが、現代文には1日おきに2時間かけるとして30時間です。こういう状況で、今この3冊の問題集のどれをやろうかと思っているのですが、どうすればいいでしょうか？」

模試の結果を持ちながら、こんなふうに聞かれたらどうでしょうか？　こちらとしても、まずその結果をよく見て3冊を丁寧に比較せざるを得ません。つまり、頭を使わざるを得なくなります。そうやって出てきた知恵を相手にプレゼントすることになります。

この質問は、先の「質問の本質」の①に成功しただけでなく、もう一方の②の点でも優れています。つまり、僕はこんなにも真剣に勉強していて、こんなふうに自己分析をしているんですよ、というアピールに成功しているからです。それは同時に、「こういう生徒ならこっちも真剣に応援しなくちゃ」という気持ちにさせることに成功しているのです。

この2条件は相互的なものであるということを、理解しておいてください。

どう質問していいかわからないときにするべきこと

今まで述べてきたように、相手が頭を使って答えを出さざるを得ないようにする力、これこそが厳しい時代を生き抜くのに求められている「質問力」です。疑問やどうしていいかわからないことに直面したとき、意味のある質問ができるように、「質問力」を磨きましょう。

報告であれば、特に悪い報告ほど直ちに行うべきです。しかし、質問はすぐにすればいいというものではありません。外見は謙虚に、ソフトに装いつつも、相手からは答えを搾り取れるように、まず問題を分割、分析してください。

昔から「わかる」ことは「分ける」ことだと言われます。全部わからないということはまずないでしょうから、何がわかり、そして何がわからないか、何を聞くべきか、「分け」ながら考えていく作業がきわめて大切です。

逆に、何も考えずに漠然とした「大きな質問」（例えば「現代文のコツを教えてください」など）をする、これほど無駄なことはありません。

分けながら考える（分析的に考える）習慣が身につくと、その過程で解決してしまう問題が多いことにも気づくはずです。優秀な受験生だって、わからないことがないわけではありません。しかし、彼らがほとんど質問に来ないのは、そういうことなんです。

それでも、どう質問していいかがどうしてもわからないときもあるかもしれませんね。そんなときには、

「あの人に、こういうことを聞いてみたいんだけど、どういう聞き方をすればいいかな？」

と、**質問の仕方そのものを、第三者に「質問」してみる**という手もあります。

これは、この第三者に対しても、「この人はできる人だなぁ」とアピールできる可能性があります。

若いうちは、わからないことも多く、質問をする機会も多いでしょう。そうであれば、ぜひとも「質問力」をアップして、問題解決に役立てると同時に、あなたの評価まで上げてしまいましょう。

考えに詰まったら、まず「対比」を考えよう！

入試に出てくる文章には、実に多くの「対比」が登場します。そもそも文章は人間の思考の産物であり、入試の文章も例外ではありません。そしてそのレベルはと言えば、大学の専門で扱うものよりは低いものの、かなり高いものまで出題されます。そういう文章のなかに、対比が頻繁に登場するのはなぜでしょうか？

それは、**対比が物事を考えるのを楽にしてくれる**からです。単独に存在するものの価値や意味を考えることは実に困難なことです。金メダル取ったんだって、すごーい、と言えるのは、どこかで銀メダルや、銅メダルと「対比」しているのです。だから、たとえば「東京メダル」なんて言われると、それがすごいのかどうかよくわからなくなってしまいます。

難しい本を書く人は、いわばものを考えるプロです。したがって、要領よく考えを進める方法を知っています。その彼らが、これだけ対比を頻繁に用いるのですから、みなさんも見習わない手はありません。考えに行き詰まったら、まず「対比」を考えてみるのです。

どう考えていいかわからないという声を、生徒をはじめ若い人からよく聞きますが、理由は2つです。

①考える材料が頭に入っていない
②考える方法を持っていない

材料がないのは、仕込むしかありませんし、それだけが問題なら、キャリアでカバーできる部分もあります。しかし、方法がないのは、方法を身につけない限り、永遠に解決しません。その方法の1つが「対比」の利用なのです。

たとえば、ある地域への出店計画を任されたとしたら、まずその地域のライバルの状況と自社とを「対比」してみるという手があります。また、自社のうまくいっている地域とその地域との「対比」を考えるという手もあります。

このように「対比」軸が設定できると、物事が非常に考えやすくなるのです。先にも言ったように、考えるプロが愛用している方法なんですから、皆さんも何ら恥じることなくまねるべきです。

こういう対比のさらに高度な利用法をお教えしましょう。たとえば、あなたが「どういう人が、幸せな女性だと思う？」と聞かれたら、どう考え、どう答えますか？

生徒にこういう問いかけをすると、「美人」、「頭のいい人」と単語が返ってくるだけというケースが結構多いのです。「それで？」と聞くと、松嶋菜々子さん！　おやおや、固有名詞にいきなり飛んで行ってしまいましたね、なんてことが起きるのです。せっかく、「美人」、「頭のいい人」と、きっかけをつかんでいるのに、それ以上考えを広げていけないのは、考える方法を持っていないからなのです。

思考が行き詰まったらまず対比！

これが実は、「できる人」の基本なんです。

今、2つの単語が出てきました。それぞれを「対比」的にとらえると、「美人」⇕「そうでない」、「頭がいい」⇕「そうでない」、となり、これを座標軸に示してみると、結局4パターンに分類して考察することができるようになるではありませんか！　その1つずつについて考えていけばいいのですから、「どういう人が、幸せな女性」なんだろうかと、漠然と考えていたときよりも、ずっと考えが広がりやすいはずです。

「できる人」たちは何げない顔をしながら、こうやって2本の座標軸をこっそりと引いて物事の考察を深めているのです。もっと強者になると、「金持ち」⇕「そうでない」という対比まで視野に入れて、3本の軸を引いて3次元の世界で考えています。

さらに、奥の手を明かしておきましょう。もし、1組の「対比」は思いついたが、もう1本の軸がどうしても引けない、そんなことが起きたときはどうすればいいか？「昔」⇕「今」という時系列分析を考えればいいのです。先ほどの例で言えば、他社⇕自社、今⇕昔、そう軸を設定するだけで、問題の洗い出しは容易になるはずです。

2本の対比軸を設定して問題をナチュラルに深く考察していく

何としてでも、あなた自身の武器にしてほしいと思います。

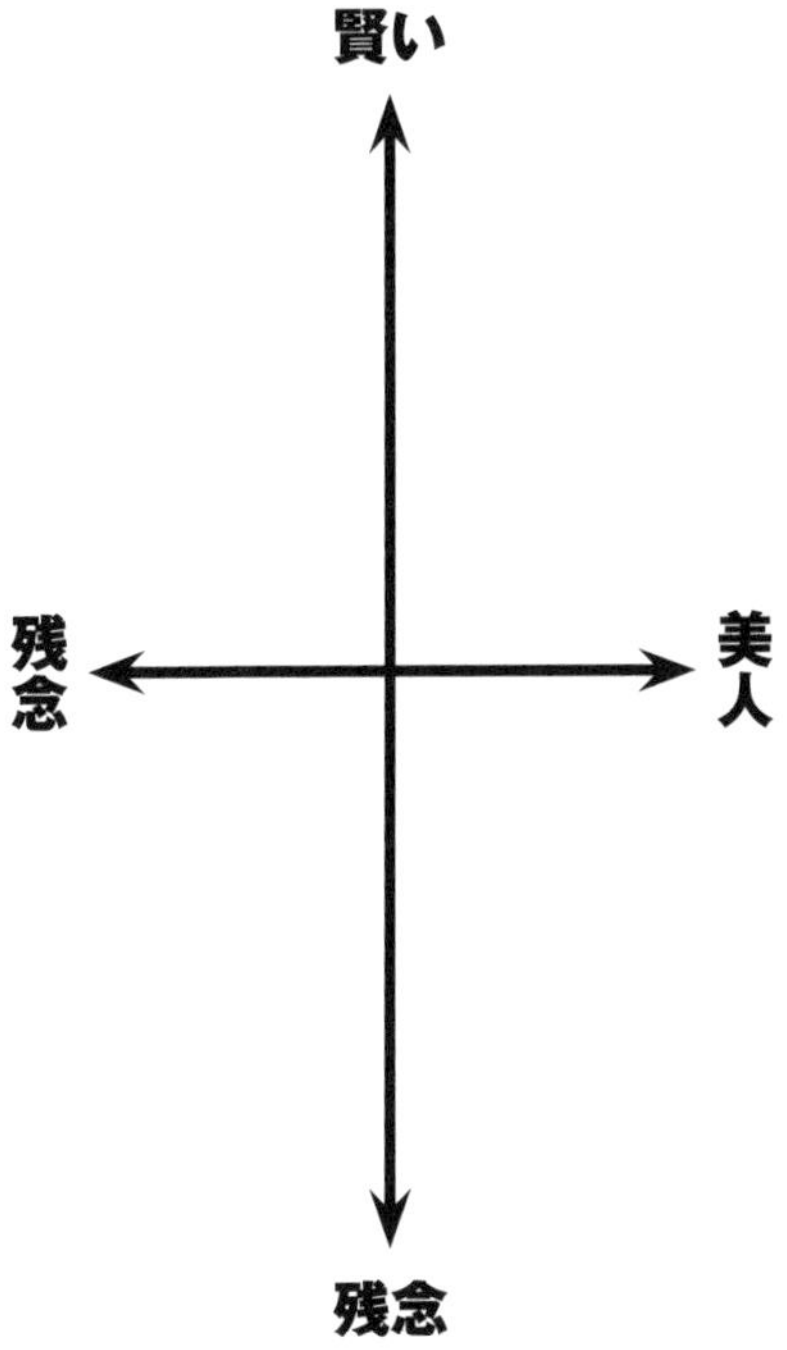

「対比」は上手に利用しよう！

みなさんはふだん、スウェーデンやノルウェーといった北欧諸国のことをどのくらい意識していますか？　もちろんその存在自体は知っているでしょうが、たぶんほとんどの人が忘れていると思うんですよ。

そんな北欧諸国が、なぜか、必ず登場してくる場面があるんです。それは日本の福祉の遅れを糾弾する文章です。

みなさんも、先進諸国のなかで日本の福祉水準が低いことを指摘した文章に出会ったことがあるでしょう。その際、「日本はこうだが、北欧諸国では」といった文脈で登場してくるんです。こういう文章を見ると僕は必ず心のなかで、なんで、こういうときだけ北欧なんだよ！　と突っ込みを入れます。

日本の福祉に文句を言いたい人は、北欧諸国の水準が本当に妥当かどうかの考察はともかくも、こういう国もあるんだ、だから日本も追いつかなきゃダメなんだ、と自分の主張を押してくるんです。間違ってもアフリカ諸国と「対比」して、いやぁ、こうしてみると日本は恵まれていますよ、という文章を書く人はいないのです。

もっと身近な例で説明しましょう。小学生のまる子ちゃんは、今、月にお小遣いを300円もらっています。何とか500円にしてほしいので、怖いお母さんと交渉することにしました。そんなとき、「対比」の相手に選ぶのは、月に2000円もお小遣いをもらっているハナワ君です。

「アタシが300円なのに、ハナワ君は2000円ももらってるんだよ」

「何言ってるの、ハナワ君のおうちはお金もちじゃないの！」

「2000円とは言わないけど、私だって500円くらいもらったっていいじゃない！」

「わ、わかったわよ。じゃあ、来月から、500円あげるわよ。仕方ないわねぇ。でもお姉ちゃんには内緒よ」

「本当？　お母さん、ありがとう、お母さん、だーいすき」

「本当に、しょうがない子ねぇ……」

なんとなく目に浮かびませんか？　ここで、**まる子ちゃんが、交渉に成功したのは、「対比」の相手にハナワ君を選んだから**です。もしここで、

「ハマジなんて、月200円なんだよ」

とでも言ったら、

「そう、じゃあ、あなたも200円でいいわね」

「ええっ？　お母さん、ひどい……」

となっていたかもしれません。

このように、「対比」の相手は、誰を選んできてもいいのです、しかし、誰を選ぶかによって、説得力が変わってくるのです。ここでみなさんが学ぶべきはまず、
①自分が何かを主張するときに、相手を説得しやすい「対比」の材料を選ぶこと
であり、次に
②相手が「対比」を用いて説明している際には、その対比の都合よさを攻撃すること
なんです。今の話で、お母さんがどうしてもお小遣いを上げたくないのなら、「対比」の材料にハナワ君を選んだことがいかに不当かをあげつらって、まる子ちゃんの要求を却下することもできたんです。

以上のように「対比」をうまく使いこなせるようになると、考えるツールを増やすだけではなく、プレゼンのツールまで増やすことができるのです。こんな利用法もぜひ、マスターしてください。

表情力をアップせよ！

先日、仕事の関係で、とても美しい顔立ちをされた女性にお会いしました。綺麗な人だなと思いながら、同時になんとなく魅力に欠けるなと、失礼なことも考えていたのです。

「どうしてだろう？」

と、彼女を見ていて、すぐに理由はわかりました。

まず、表情が乏しいのです。そのうえ、伏し目がちで話すものですから、相づちを打った瞬間にこちらの視線が宙に浮いてしまうような感じになるのです。視線の空振り、とでも言えばわかりやすいでしょうか？　もったいないなぁ、と心底思いましたね。でも、みなさんの周りにもこういう人がいるのではありませんか？

なるほど、顔つき、顔立ちは先天的なものかもしれません。しかし、表情は自分で演出できる、また演出すべきものなのです。たしかに「若いうちは素材勝負！」となりがちですが、年を重ねるにつれて素材そのものよりも、その人の表情のほうが印象の多くを占めるようになるのです。

「素敵なおばあちゃん」の表情を思い浮かべてください。ほら、みんなにこやかな笑みを浮かべて、柔らかい表情をしているでしょう？

若い頃はたいしてモテなかったのに、中年になったら急にモテ期が来たと言う人の多くが、仕事がうまくいっていて、生き生きしている人であることが多いのも同じ理由です。もう、おわかりいただけたでしょうか。本来の顔立ちを超越して自分の魅力を増幅するカギを握るのが、表情力なんです。

そしてその表情力は、あなたの心がけと努力しだいでどれだけでもアップすることが可能なんです！　では、どうすればよいのでしょうか？

表情力をアップするためのポイントとは、具体的には次の2つです。

①人間は、自分の顔をわかっていても、細かい表情までは絶対にわからない。したがって、記録手段を利用して、定期的に確認すべきである。

②表情にはどうしても内面が表れる。したがって、内面の活性化が表情力アップの最大のカギを握っている。

詳しくは次のページで解説していきますね。

目指せ！　柳原可奈子さん!!

鷲田清一さんという偉い哲学者は、人間の顔のことを「可視性の裂け目」と呼んでいます。いろいろなものを自分の目で確認する人間が、当の自分の顔を見ることができない、そういう意味です。

鏡があるじゃないか、という反論が出そうですが、左右反対のうえに、あの像はそもそも「虚像」と呼ばれているものです。やはり、実物ではありません。それでもそういうものに頼らなければ、人間は自分の顔を、表情を確認することができないのです。だったら、そういうものに頼ってしまえばいい、そういう開き直りもあるのです。たとえば、会社で重要なプレゼンをしなければならない——こういう時こそ、ビデオを持ち出すべきです。一度、カメラ相手にプレゼンしてみてください。自分がどんな顔をして話しているのかがよくわかるはずです。意識したことのないような自分の癖も発見できます。

たとえば僕の場合、自分の出演したテレビ、あるいは自分の映像授業を見ていて、舌をペコちゃんのように出す悪い癖を見出すことができました。それだけでなく、間のよしあしゃ話し方の癖などいろいろな欠点もよくわかって、改善に努めました。たしかに、自分のビデオを見るのは照れ臭いし、人から見たら「ナル～」と言われかねない行為です。でも、自分の対外的な魅力アップには不可欠な行為でもあるのです。

声にしたって、自分が聞いている声は、骨伝導という体の内部を伝わってくる声の影響で、他人の聞いている声とは異なっています。あなたが思っているあなたの声は、周りの人が思っているあなたの声とは違うのです。録音された声を聞いて、こんなの俺の声じゃない！　というのは簡単です。しかし、あなた以外の人が、大げさに言えば世界中のあなた以外のすべての人が聞いているのは、録音された声なのです。どちらが「あなたの声」なのでしょうか？　答えは明らかですね。ここは潔く諦めましょう。

人が見ている自分こそが本当の自分である――そういう自分を確認する技術が開発されたのですから、上手に活用しようではありませんか。

人に見える自分の印象を変えること、表情豊かな魅力的な自分を演出することが、あなたの社会的評価のアップにつながるのですから！

そして2つ目のポイント。表情がくるくる動く、いたずらっ子のような表情、これらはたいてい肯定的に用いられる表現です。

こういう表情が魅力的に見えるのは、結局、**頭のなかでいろいろ考えているから**です。楽しい明日の遠足のことを考えている、あるいはちょっとした悪だくみを考えている子どもの表情は、生き生きしていてとてもかわいらしいものです。

そう、表情は思考の関数なんです。つまり、頭のなかで考えていることが表情に反映されるんです。ねじ曲がったことばかり考えていると、時代劇の「越後屋」のような表情になって「おぬしも悪よのぅ」と言われてしまうのです。

夢を抱いて、明日はこうしよう、いやこうしたほうがもっと楽しい明日があるかな？と頭をもっともっと動かしてみてください。放っておいたって表情は魅力的になっているはずです。

だって、現実につまらないんだからそんな表情なんかできないよ――その意見もわかります。でも、たった1回の、やり直しのきかないたった一度の人生なのに、そういうつまらないことを考えて生きていくのが賢明な選択なのでしょうか？

たとえ現実がつらくとも、明日に夢を抱いて生きることで、本当に楽しい明日がやってくる可能性が増えるならば、考え方の根本から変えたっていいのではないでしょうか？

今まで述べたような2つのことをしっかり認識して実践することで、周囲の評価は変わってくるはずです。この2つを最も高い水準で成し遂げているのが柳原可奈子さんだと僕は勝手に決めつけています。

彼女よりも美しい女優さんはいるかもしれません。でも彼女ほど、よく動く、魅力的な表情を見せてくれる人は、美人ぞろいの芸能界でもなかなかいません。彼女は、研究熱心で、絶対に自分の出た番組を見直しているはずです。これは僕の勝手な想像ですが、たぶんそうです（いや、絶対にそうです）。

ですから、表情力アップのスローガンは、

目指せ！　柳原可奈子さん!!

とまとめることができます。彼女の顔を思い出し、明日に向かって楽しいことを考え、ときにビデオで自分の表情を確認してみようではありませんか。

自分の「利き顔」を意識しよう！

自らの表情力のアップを意識し、さらには実践に努めるようになったあとで、さらに認識すべき事実があります。それは、**人には利き手同様に「利き顔」がある**ということです。

夜の街の、とてつもなく魅力的な、ある女性との会話です。

「君って右サイドから押し込んでくるよね？」

「だって、私、右側のほうがキレイなんだもん」

「いつ気づいた？」

「毎日飽きるくらい見てるのにわかんないわけないじゃない」

いやあ、お見事。彼女のせいで人生が終わった、とまでは言わなくとも、へし曲がった男性が何人いることでしょうか？　しかし、この彼女の言葉には我々すべての表情力アップをもたらす重要なヒントが隠されているのです。

人間の顔は左右対称ではありません。より魅力的なサイドとそうでないサイドがあるのです。

この「より魅力的なサイド」を利き手になぞらえて、「利き顔」と呼ぶことにします。みなさんも、顔の真ん中に下敷きでも立てて、鏡で確認してください。左右の表情の違いに驚くはずです。目も大きく、表情豊かなサイドこそが、あなたの「利き顔」です。

面白いことに、坊主やアップにしていなければ、たいていの人が無自覚ながらも、「利き顔」サイドを出すように髪を分けているのです。

そして、僕は次のように考えています。

★顔が「左利き」の人＝左脳型→論理的で、豊かな言語力をもつ

★顔が「右利き」の人＝右脳型→感性豊かで、音楽や芸術に優れる

つまり、左脳と右脳の働きの差が、顔の左右にそのまま表れるようなのです。もちろん、これに医学的な根拠があるかどうかはわかりませんが、僕の長年かつ執拗な観察において、今まで一度も例外はありません。

こうやって現代文を生業にし、絵が下手で音楽的センスに欠ける僕の「利き顔」は左です。カラオケでミスチルなんて歌おうものなら、歌詞がたいてい余っています（笑）。

ですから、授業で重要なポイントを生徒に押し込む際には左側からいきますし、ポスターなどもすべて左サイドから撮るようにお願いしています。

逆に、先の夜の街の素敵な女性は、右が彼女の「利き顔」というわけです。彼女はお世辞にも学校の勉強ができたとは言えないのですが、そんなことはどうでもいいくらい魅力的で、感性的に素晴らしい女性でした。自分の「利き顔」を、こんな本を読まずともしっかり認識して、そのサイドから「勝負」をかけていたのですから、実に「恐ろしい」女性と言えるかもしれません。

まとめましょう。自分の利き顔を知ることのメリットは2つあります。1つは実際に表情のよく動く、**より魅力的なサイドから人に接することができる**こと。もう1つは、そういうサイドから接することは、**その人なりの自信も相手に伝わる**分だけ、より魅力的に見えるということ。この、相互関係にある2つを、ぜひ頭に入れて、実践してみてください。

表情――年を重ねれば重ねるほど、「顔つき」にとってかわって印象そのものを支配するようになるものを、普段の考え方そのものと訓練で改善する。そして自らの「利き顔」を意識しながら、人との関係を築いていく――すぐにでも始められることであり、あなたの評価を、あなたの想像以上に大きく変えていくはずですよ。

第一印象力を高めよ！

人の第一印象は、外見、声、話し方、そういったものの総合で決まるのだそうです。声を変えるのは困難でしょうし、話し方のセミナーは各地で開かれているくらいですから、そちらにお任せしましょう。ここでは一番変えやすい、外見について述べていきます。

そもそも、どうしてそんなに第一印象が大切なのでしょうか？

人間は無意識に相手を頭のなかのいくつかの「ゾーン」に振り分けて生きています。その振り分けはたいてい最初の出会いのときに行われて、その後の関係のなかで他の「ゾーン」への入れ直しはなかなか行われません。だから、1回目が勝負！　という感覚をもって生きねばならないのです。

僕がこういうことに特に敏感なのは、仕事柄も影響しているかもしれません。予備校に通う生徒の多くは1年で、長年の固定客が基本いません。それは同時に、いつも初めてのお客さんがいる空間でもあり、彼らの心をつかまねばならない仕事でもあるんです。

ちょっとお試し、といった感じで受講した生徒に「あっ、この授業を取りたい」と思わせるためには、もちろん、授業の内容が最重要です。しかし、いくら内容がよくても、「あの先生、なんか**生理的に受けつけなくて――**」

女子高生にこう言われたら終わりです。死刑宣告です。「生理的」と言われてしまったら、人間というよりも生物のレベルで拒絶されているんですから、挽回はまず不可能です。

だから、第一印象力を絶対に高めておかねばならないんです。しかも、外見が一番変えやすいんです。よい印象を与えるための最大のキーワードは、

清潔感

これに尽きます。女性の多くは合格なのに、男性には失格者が目立ちますから、ここは主に男性に向けて書きます。ですから「こんなこと当然じゃない」という感想をもたれた方は、すでに合格ということです。確認だと思って、読んでください。

①髪　最低でも月に一度は調髪に行くこと！　素敵な髪型の女性に店を教えてもらおう。

②顔　「アブラぎった」は最大の否定語→**ちょっと高いな、と思う洗顔石鹸を思い切って買ってみよう**。これも素敵な女性のアドバイスに従うのがベスト。また、男がカッコいいと思っているヒゲを、ただ「汚らしい」としか思っていない女性は意外に多い。女性

に聞いてダメ出しされたら、ヒゲは一部の似合う人の特権と思って諦める。

③香り　女性のほうがうんと嗅覚が鋭い！　まずは口臭を徹底的に消すこと！　そのための歯磨きは当然。ついで香水をつけて反応を確かめよう。梅雨時や冬のスーツのにおいもケアーしよう。何のための「ファブリーズ」か？

④洋服　安くてもいい、とにかく「折り目正しい」ものを着よう。アイロンが苦手なら、形状記憶のもの（たいてい安い！）をうまく活用しよう。

⑤靴　とにかく磨くこと！　ひと拭きするだけでピカピカになる便利なグッズもある。

⑥小物　ポイントはハンカチ。アイロンは必須、持っていないのは論外。

⑦手　ここまで神経が行き届くのは上級者。爪を磨き、**手の「質感」**もキープすること。カサカサした手はダメ！　しっとりした手は、女性の心をわしづかみにする。

歯・靴・爪を磨いて、男を磨け、そう言ってもいいでしょう。

こういう7ポイントに気遣うことが、あなたの外見の印象を大きくアップするのです。

もちろん、いっぺんにというわけにはいかないでしょう。しかし、習慣にしてしまえば、それほど苦になるものでもありません。1つずつやってみてはいかがです？

「今でしょ！」の「今」を考えるコラム①

自分の面倒は自分で見なさい

今、こういうことを述べると、不謹慎と言われるかもしれませんが、実は、生きていくことそのものが、本当に面倒くさいことなんですよ。毎日歯を磨いて、ご飯を食べて、お風呂に入って……。あるいは、掃除、洗濯、炊事などなど、やったところで明確な数字の残らない、いわゆる「日常の瑣事《さじ》（とるに足らないこと）」を黙々とこなして生きていくしかないのです。

だから、ついこうつぶやいてしまいます。「面倒くせえなぁ」と。だったら、生きるのをやめてしまいましょうか？「それも、面倒くさい」……。

あなたがこんなふうに、面倒くささを感じているなら、健全に生きている証拠ですから、安心してください。むしろ問題は、そういう自覚の薄い、特に若い人です。

本来生きていくこと自体が面倒なことなのに、それを感じないとしたら、自分でやっていないからにほかなりません。では、代わりにやってくれている人とは誰なんでしょう？

小さい頃からあなたのことをよく知っている「お母さん」は、あなたの「面倒」を見て、最もうまく「面倒くささ」を消し去ってしまう名人です。そんな人とずっといたら、どうなるか――答えは明らかです。

大人になっても大好物のハンバーグを作ってくれて、オムライスには絶対にグリーンピースは入れない、「なすは嫌いだって知ってるだろ」と言えば、「ごめんね」と黙って食卓から下げてくれます。それだけではなく、お風呂に入れば下着まで用意してくれて、朝、家を出る際には黙ってアイロンのかかったハンカチまで出してくれるんです。王様か！ そう突っ込みたくなるくらいです。実際には、長引く不況のせいもあって自宅から通勤・通学する人が増えています。子どもの数が減ったことで、親もまた、手厚く世話をし続けてしまいます。それでも、ずっとそうやって家にいるんならいいんですよ。しかし、そんなふうに「面倒」を見てもらっていた人が、結婚するとどうなるでしょうか？

結婚とは、今までまったく別の環境で育った人間同士が一緒に暮らそうとする、かなり強引な行為です。恋人の期間が長かったとしても日常での関わり方が一気に増えることになります。異なった「面倒の見られ方」をしてきた2人が、今までを基準に互いを、あるいは一方が面倒を見始めるのです。

そんなときに、ずっと「お母さん」に面倒を見てもらってきた人は、とてつもない不満を感じてしまうのです。風呂から出ても下着が用意されていない、食卓のテーブルがきれいに拭いていない、果ては、固定電話にカバーを掛けていないことまで気になり始めます。

特に深刻なのは、料理の面での衝突です。家庭料理というだけあって、その家庭ごとに微妙な差があるのが普通です。しかし、今まで全部「お母さん」依存でやってきた人は、妻の味付けがどうしても納得できずに、ついに禁断のセリフを口にします。

「うちの母さんだったら……」

男性諸君、この言葉を聞くと女性がどう感じるかわかりますか？

女性の心のなかに、１人の女性として、あなた、あなたのお母さんとの三角関係に巻き込まれたという何とも言えないイヤな感覚が湧き上がってくるんです。彼女の、生理的なレベルから立ち上ってくる強い嫌悪感に、あなたは気づいていますか？

そもそも、男はマザコンです。これは生物学的に仕方のないことです。生まれた瞬間からいつも一緒にいて、一番大好きな「お母さん」は「お父さん」という別の男性のものです。心理学でいう、エディプス・コンプレックスが生じる状況です。

つまり、人間は三角関係に放り出されるところから人生がスタートするのです。そして、恋愛は三角関係のなかで一層激しく燃え上がるものです。そして、それは恋愛の本質でもあります。だから夏目漱石のように三角関係ばかり描く作家も出てくるのです。

こういうわけで、男の子がマザコンになるのは当然なのです。しかし、度の過ぎたマザコンを目の当たりに見せつけられた相手の女性はたまったものではありません。

それを避けるにはどうすればよいでしょうか？　経済的な事情もあるでしょうから学生時代はまだしも、社会に出たら、絶対に1人暮らしをするべきです。今まで「お母さん」がやってくれたことがどれだけ面倒なことかを身をもって知るべきです。洗濯物はすぐたまるし、冷蔵庫の野菜はすぐ腐るんです。

生きることって本当に面倒なんですよ。でも、いい加減な暮らしをしていると、どう繕おうが、必ず表面に表れてしまうのです。「君は部屋が汚いでしょう?」と、そういう予言をよくしますが、まず外れたことはありません。

1人暮らしをして、生きることそのものの面倒さを知り、「お母さん」をリセットしてしまえば、自分が選んだ相手のやり方が多少違ったところで、自分がやっていたときよりはいいな、と愚痴をこぼさずに済むのです。

多少経済的に苦しくても、若いうちに必ず1人暮らしをしてください。そしてきちんと生きることの面倒さを身をもって知ってください。そうすることで、自分の母親と、彼女や妻の料理を比較するというタブーを絶対に犯さないようにしてください。

第2章

今すぐやめるべき無駄な行動

——自分を見直す絶好のタイミングは今！

相談に正論で返すな

人生には様々な無駄がありますが、相談はその1つではないかと考えています。もちろん、お医者さんや法律の専門家にするような相談には意味がありますよ。そういったものは除外して、ここでは身近な人や友だちに持ちかけるような相談をイメージしてください。

僕は、授業でしばしば

「質問は受けるが、相談は受けないよ。だって、たかが予備校の現代文講師に相談して解決できるような話なら、相談しなくたって解決するはずだからね。もし、相談したくらいでは解決しないような難しい問題だったら、そもそも相談したって仕方ないだろう？　ということは、相談なんて無意味なんだよ」

と言っています。にもかかわらず、仕事柄、長い相談に付き合わされることもあります。

もう何年前のことでしょうか？　入試が終わって、国立大学の医学部に合格した女子生徒が、ずいぶん立派なお土産をもってお礼に来てくれたことがあります。

「先生のおかげで、最後まで頑張れました。あのとき相談に乗っていただいて、本当にありがとうございました！」

「いやいや、僕は何もしていませんよ。あなたが頑張ったから受かった、それだけです」

「そんなことはありません！　あのとき頂いたアドバイスが支えになったんです！」

彼女の相談の内容は、自分の志望する大学に今のままでは受かるかどうかが危うい、だから志望校を変えたほうがいいかどうか、さらに家族のなかでも意見が割れていて、そのせいで家庭の空気が重い、簡単にまとめるとそんなところでしょうか。まあ、それほど珍しい相談でもありません。それに対して、僕が贈った「支えになったアドバイス」とはどんなものだったのでしょうか？

正直に言って、**僕はほとんど何も言わなかったのです**。彼女の話を、相づちを打ちながら聞いていただけです。あえて言うなら、僕は相づちを打つのがうまいかもしれませんが。

話を聞いていて、すぐに彼女がどうしたいのかがわかりました。浪人覚悟でその大学を受けたいのです。1ランク下の大学では納得できないのです。しかし、家族、特にお父さんは、どうせ医者になったら同じなんだから志望を下げたらどうかと彼女に強く迫ったという話なのです。こういう状況がわかれば、アドバイスの方向性は1つに決まります。

「リスクはあるかもしれないが、思い切って受けなかったら、一生後悔するんじゃないかな？　後悔はやらなかったことから生まれるからね」

僕が発した唯一の言葉です。この状況でこれ以外にどんな答えを出したところで、すべて無意味です。もちろん僕だって、成績的に見て絶対無理だと思うような生徒にはこんなことは言いません。しかし、彼女の場合には本当に五分五分だったのです。確かに1ランク落とせばほぼ確実でしたが、その志望校だって十分合格の可能性はあったのです。

最初から、彼女のなかで答えは決まっていたのです。ただ、自分が認めている誰かに話を聞いてもらって、ちょっと背中を押してもらいたかっただけなんです。だから、相談を受けて、「お父さんの言うとおり1ランク下げるべきだよ」と言ったところで、結局「やっぱり、初志貫徹で行くことにしました」とでも言われたはずです。とすれば、先のように答えるしかないではありませんか。

でも、これは彼女に限ったことではありません。相談者は多くの場合、**すでに答えを用意しながら、あえて相談している**のです。この傾向は、特に女性に顕著です。

そして、**自分の思っているとおりの答えを言ってくれる人のことを「あの人はいい人だ、自分のことを本当によくわかってくれている」と評する**のです。逆に、想定していた答えとは異なる答えを言う人には、それがたとえ正しかろうが、「あの人は結構自分の考えを押し付けてくるから……」となってしまうんです。善意で時間を割いてあげているのに実にバカげた話ではありませんか！

これが身近な人への相談の内実なのです。ねっ？　まともに取り合うのがバカバカしくなるでしょう？　「相談は受けないよ」となるゆえんです。

しかし、世のなかには相談が好きな人が、相談をする自分が好きな人が少なからずいるのです。であれば、相談を持ちかけてくる人への上手な対応法を考えましょう。

①とにかく相手の話をよく聞くこと。おかしいなと思っても遮らずに、最後まで話を聞くこと。↓これが最重要！　これだけで解決することすらアリ。

②相づちには感情を込めること。相談者は気のない相づちには非常に敏感です。「なるほど」、「そうなんだ」など、ある程度言葉を変えながら、真剣に対応すること。↓これも案外重要です。けっして手抜きしないように！

③相手の答えを読み取って（たいてい簡単に読み取れます）、それをさも自分の考えのように言ってあげること！　↓カッコいい言葉をちょっと足してあげると、もう効果抜群！

この3ポイントをしっかり守れば、「あの人に相談に乗ってもらって本当によかった」、とあなたの評価をアップすることにつながるはずです。

おすすめの本を聞くな

生徒に「何かおすすめの本はありませんか？」と年々聞かれることが多くなりました。そういう生徒にには、必ずこんなふうに答えます。

「あのね、読書というのは、どんな本を読もうかな、面白そうな本はないかな、と探すところから始まるんだよ。だから、その肝心な出発点を人に聞いたらダメなんだよ。まず自分で探してごらんよ」

「じゃあ、自分の好きな本を読んでいればいいんですか？」

「なんで、嫌いな本を読む必要があるの？　ムリして読んでもつまらないでしょう」

「でも、役に立つ本を読みなさいって言われたんで……」

「誰に？　読書は何かに役立てるためにするものではなく、それ自体を楽しむものなんだよ。そりゃあ、たしかに将来役に立つかもしれないけど、それは結果であって、それを目的にしちゃダメだよ」

ダメ出しを重ねながら、どこまでも指示をほしがる精神性に、深いため息が出ます。

僕がこういう考えを持つきっかけとなった、今でも明確な記憶があります。大学に入ったばかりの頃、秀才の誉れ高い先輩のところに友だちと2人で遊びに行ったときのことです。その友だちが、やはり同じ質問をしたのです。

「先輩、何かおすすめの本はありませんか？」

すると、先輩は、

「自分で読みたい本も見つけられないような感性の鈍い人間が、何を読んだところで無駄だとは思わないかい？」

と冷ややかに言い放ちました。きついことを言う人だなあと思う一方で、でも言っていることは正しいとも思いました。

本は自分でアンテナを広げて、そのアンテナに引っかかったものを読んでいけばよいのです。そうしていくうちに、アンテナの性能がどんどんよくなって、もっともっといい本をつかまえることができるようになります。若くて感性が豊かなときこそ、アンテナを広げるチャンスです。それなのに、「おすすめ」の本を聞いてしまえば、結局、自分でアンテナを折ってしまうようなものです。

しかし、自分の読んでいる本の偏りが気になって、たとえば尊敬する人の「おすすめ」

を読みたい、という場合はあるかもしれません。そういう場合には、その人をよく観察することです。人は自分の読書体験を隠せないもので、必ず何らかの「痕跡」を示してくれます。人に本棚を見せるのを拒否する偏屈な人も少ないでしょうし、話を注意深く聞いていれば、「最近読んだ本に、こんなことが書いてあって……」などと彼の読書の「痕跡」が現れるのです。

それを「読み取る」のです。そういう観察力と感性があってこそ、本の内容だって「読み取れる」のです。僕は先ほどの先輩との会話のなかで出てきた本を、ずいぶん買って読んだものです。そして僕も、授業の中で、そういうヒントを散りばめています。

こうやって説明すれば、「おすすめの本は何ですか？」と聞く精神が、どれほど怠惰なものかがわかっていただけたでしょう。せっかく本を読もう、というところまでは来たのです。あともうひと踏ん張りできないわけがありません。

休みの日に大きな本屋や図書館に出かけていって、どんな本があるだろうか、面白い本はないだろうかと、たっぷり時間をかけて探してみてください。椅子まで用意してくれるような親切な本屋さんだってある時代です。怠惰な精神はゴミ箱にでも放り込んで、探しに出かけましょう。

視線を切るタイミングを間違えるな

現代文という科目の本質は、意外と理解されていないようです。しかし、そこで求められているのは、筆者という1人の人間が好き勝手に書いたことを、本当にわかっているかどうかテストしてやろう、という単純なことなのです。

したがって、形式の違いこそあれ、すべての設問は、本文の理解の度合いを測定する役割を担っています。ここに受験生に要求される頭の使い方と、推理小説に出てくる探偵や刑事のそれとが似てくる理由があるのです。

彼らは事件が起きると、必ず現場に飛んでいって証拠を探し、犯人を捕まえます。現代文も、傍線部や空欄という「現場」付近を徹底的にしらみつぶしにして、根拠という「証拠」を見つけて、正解という「犯人」逮捕を目指すのです。ねっ？　ほぼ同じといってよい構造でしょう？

主役の刑事や探偵だけが、ほかの人たちが見落とした証拠を見つけ出して、事件を解決するというのも1つのパターンです。特に『名探偵コナン』におけるコナン君のこういう能力は神がかり的です。一方で、毛利小五郎さんは証拠を見落として、違った人を逮捕しようとする名人です。小五郎さんが「ようし、わかった。犯人はあなたです！」と力強く言い切った人物は、まず犯人ではないな、と視聴者も安心しきって見ています。

この2人の差もまた、現代文のできる生徒とできない生徒との差に実によく似ているのです。その違いとはどこにあるのでしょうか？

1つ目は視線の問題です。小五郎さんやできない受験生は「現場」から目を離す、つまり視線を切るのが早いのです。早すぎるのです。一方でコナン君やよくできる生徒は、現場を徹底的に見ていて、なかなか視線を切りません。

もう1つは勝手に「お話」を創っているかどうかという問題です。小五郎さんは、早めに視線を切ってしまっているので、少ない数の証拠をもとに、かなり勝手に、「お話」を創って、誤認逮捕に突き進むのです。思い込みで動くというのは、実は、勝手に「お話」を創るということで、できない受験生もまた、そういう「創った」答案を平気で書きます。

それに対してコナン君は「想像」はしても「創造」はしません。きちんと「お話」ができあがるまでちゃんと証拠を集めてから、それを合理的に組み上げていくだけです。できる受験生の記述答案も、まさに同じ作業がなされているのです。

結局、コナン君と小五郎さんの違いとは目と頭の使い方の相違なのです。そしてこの2つの違いが問題解決能力の違いに直結するのは、何もアニメや受験の世界にとどまる話ではありません。

ビジネスの世界で、データを分析して何か1つの結論を出さねばならないことはさほど珍しいことではないでしょう。もちろんいつまでもデータを見ているわけにはいきませんから、**どこかで視線を切ることになります**。その際に、今、視線を切っていいのかな、よし、切るぞともっと自覚的になってほしいということなのです。

そしてそのあと、自分の結論を書いていくわけですが、そこに、何か不自然な「お話」が創作されていないか、そういう頭の使い方も必要です。こういう**視線と「お話」への意識が、小五郎化を防いで、あなたをコナン君に近づける**のです。

書類を書く以前に、人の話を最後まで聞かずに自説を述べたり、あるいは勝手な行動までしてしまうのも、すべて小五郎さんです。小五郎さんが愛されるのはアニメの世界のなかだけだということを、強く自覚すべきです。

まさか、あんな人だとは思わなかった！

何かトラブルが起きたときに飛び出してくる、叫びに近い言葉です。

でも、周囲の人は、

「そうですか？　みんな『あんな』人だと思ってましたよ」

と冷ややかに見ていることも少なくないのです。

この**「まさか」が思わず口から飛び出してしまった瞬間こそ、自分チェックのスイッチを入れるべき**です。

「まさか」は、自分の思っていたことと実際に起きたこととの間にずれが生じたときに使われる言葉です。誠実な人だと思った、しかし裏切られた、こういうときですね。

しかし、この状況をよく考えてほしいのです。「まさか、あんな人だとは思わなかった！」というセリフを発した人は、「誠実な人だと思った」自分をまったく疑っていないのです。そういう自分をそっと大事にしておいて、相手だけを一方的に責めている、そうだとしたら、かなり「自分好き」な言葉だとは思いませんか？

たしかに人は、突然変わったりもしますから、「誠実な人だと思った」ことにまったく問題がないというケースもないわけではないでしょう。しかし、多くはその兆候を示しているはずです。それを**観察力不足から見落とした**ことで、未来を正しく想像することができなくなって、結局「まさか」を使う羽目に陥ったのです。

この場合で言えば、「なんか変な言い訳する人だな」「今のは明らかに嘘じゃない……？」 実はさまざまなサインはあったのです。でも「誠実な人」という自分の判断を変えようとはせずに、つまりは過去の自分を大事にした結果、飛び出してきたのが「まさか」だったのです（関連したことを5章で詳しく述べています）。

逆に、観察を通じて「こいつは信用できない人間だ」と自分の判断を変えていたならどうなるでしょうか？

「この人はうかつに信用してはいけない人だぞ」→「やっぱり、こういうことをやらかしたか、想定どおりだな」

これなら「まさか」の入り込む余地はありません。

「まさか、こんなことが起きるとは思わなかった！」「まさかそんなに怒っているとは思わなかった」――みな同じメカニズムです。

「まさか」は思わず使ってしまう言葉です。僕自身、この言葉を使わずに済むように、まず目を動かしてしっかり観察するようにしてはいますが、それでもときに、口から飛び出してきます。その瞬間、ハッと我に返って、なんで「まさか」を使うはめになったのか？と過去の自分を思い出してチェックし、深く反省します。

「まだまだ、甘いなぁ」

「まさか」は、こんな言葉なんです。

使わなくていいように努めるとともに、使ってしまったときは、**反省しつつ最大限活用すべき**です。

仲間同士でなれあうなかれ

僕は授業でよく、

「友だちは少ないほうがいいよ」

と言います。生徒は冗談だと思って笑って聞いていますが、実は結構本気なんです。

もちろん、友だちがいること自体が悪いわけではなく、むしろ真の友を持つことは人生のかけがえのない財産です。そんなことはわかっていますし、僕自身そういう貴重な友が、ごく少数ですがいます。

しかし、一方で、お互いに理解しあえ、かつ本当に尊敬できるような人間がそんなに数多くいるはずもないだろう、とも思っています。多くの「友だち」、仲間がいるという人が、どこかで自分を殺して合わせていたり、なんとなく引きずり回されているような感覚を持ってはいませんか？

一番問題なのは、**友だちと過ごす時間が、１人で過ごす貴重な時間を奪ってしまう**ことです。特に若いうちは、１人で過ごす、孤独に耐える時間のなかで培われる貴重なものがあると思います。今の若者はそういう貴重な「財産」をもたないままに大人になって、あるいは大人になり切れぬまま社会に出てしまっているのではないだろうかという危惧を抱いているのです。

何となく淋しい、メールしてみる、ちょっと遊びに行く。あるいは、だれかのブログにコメントを書いて、レスを心待ちにしている——。今の若者は真に1人の時間を確保することが困難な、かわいそうな状況にあるのかもしれません。

そうやって「群れる」→「なれあう」という悪循環にはまっていってしまう。しかもどこかで自分をごまかしながら。

それでいて、**今の若者の多くが孤独感を抱いている**とも言います。1人ぼっちだ、誰も自分をわかってくれない、淋しい……、と。でもそういう仲間同士で、傷をなめあうようになれあったとして、いったい何が生まれるのでしょうか?

僕もかつて、人が自分のことをわかってくれない、という感覚を抱いていました。でもまったく気になりませんでしたね。「いつかわかってくれる奴に出会うにきまっている、少しでもすごい奴にわかってもらうために、自分を磨いておこう」、と。

ロダンの有名な彫像「考える人」は、近代的精神の象徴だとよく言われています。つまり、1人きりで自分の内面に立ち返って深く考える自己、自分と対話する自己、少し難しく言えば「内省する自己」の姿を現しているというわけです。みなさんは1人きりの時間に「内省する自己」となりえていますか？

それだけではありません。1人でいるとどうしても本を読む時間が増えます。これをゲームに充ててしまっては、せっかくの1人の時間が台無しです。絶対にゲームをするなとは言いませんが、少しでも多くの時間を読書に充てるべきです。特に、**古典と言われるような過去の作品は、世の激流を乗り越えて今に残っている、過去のスゴイ奴の我々へのプレゼント**なんですから、これを読まないのは実にもったいない話です。

僕は、基本的に単独行動なんですが、夜の街を見ていると、男性は2、3人と連れ立っている人のほうが多いですね。たとえ1人であっても、結局は、夜の街で働く女性に相手をしてもらっている。甘えん坊、寂しがりと言えばそうなんですが、たまには、喫茶店でも、あるいは無口なバーテンが一切声をかけてこないような店の片隅にでも身を置いて本を広げ、1人を謳歌すればいいのに、と心底思ってしまいます。

こういう点でも女性のほうが上手《うわて》のようです。「おひとり様」という言葉がちょっと前から使われるようになりましたが、洒落たバーの片隅で素敵な女性が1人でポツンと、本を読んだりしている光景を目にすることも珍しくなくなりました。軽薄な男が声をかけようものならぴしゃりとはねつけられます。だって彼女は、イメージが自由に広がる素敵な1人の世界を楽しんでいるのですから。

1人の時間を謳歌してください。そして「考える人」となって悩みに悩んでください。特に若いうちは。そうやって**年を重ねるうちに「堂々たる1人」になれば、必然的に人が自分の周りに集まってくる**ものなのです。そこには真の「友」もいるかもしれません。また、「人脈」と呼ばれる貴重な財産も得られるかもしれません。

「群れる」→「なれあう」という悪いリズムにはまって、なんとなく淋しくて、いつも同じ仲間とつるんでいる――決して傷つけるようなことを言わない、自分たちだけの「符《ふ》牒《ちょう》」の通じる、居心地のいい仲間同士で、同じ話や昔話を繰り返している……もし、そんな老人のような「青春」を過ごしているとしたら、一刻も早く見直してほしいと思います。

いや、こんな言い方をしたら今の元気な老人に怒られてしまいそうですね。70歳を過ぎても、1人でどこへでも出かけていく、僕の母は口癖のようにこう言います。

「1人って素敵じゃない！　自由で、無駄な気も遣わなくてもいいし。どうぞお構いなく」

自分を小さな枠にはめるな！

「林さん、血液型何型？　O型なんだ。思ったとおり！　だって自信家なんだもん」

よくある会話です。世のなかには血液型で性格分類をすることは当然といった雰囲気が流れています。しかし、僕の心のなかでは「O型だから、なんだっていうの」とかなり冷ややかな風が吹いているのです。

僕自身は血液型などまったく信じていません。以前、知り合いの血液内科の医師に詳しく聞いたことがありますが、現在のところ性格を決定するような因子は発見されていないそうです。こんなに血液型を気にするのは世界中で日本人だけだというのも、この判断基準のあやふやさを証明しているともいえます。実際、僕は自信家であることは認めますが、ずっとそうだったわけではありません。自信のない顔を浮かべて歩いていた若い頃の記憶もしっかり残っています。

百歩譲って、血液型に性格を決定する因子があったとしましょう。でも、実際にはA型でも几帳面な人もいればそうでない人もいます。それなのに、A型だから几帳面、B型だからいい加減、ＡＢ型だから変わり者などと、決めつけていけばどうなるでしょうか？
それは結局、「～だから」となんとなく広まったルールに身を任せて、自分の頭で判断するのをやめているのです。そのうえで、**「○○に決まっている」と、その枠に閉じこもって、外に出ようとする努力もやめているん**です。このうえなく怠惰な態度だとは思いませんか？

同じことが星座占い、干支などにも言えるでしょう。もし、あれが本当なら、１千万人単位で運勢が決まるということになりますよ。もちろん、単なる「娯楽」として楽しんでいる人も多いようですから、それなら一向にかまいませんがね。

では、こんなのはいかがでしょうか？

「関西人だから」、「田舎者だから」、「バブル世代だから」――。

これらはすべて、あるルールを自分に当てはめることで、そこに**自分を固定して、枠に収まったままの自己を世間にアピールする**言葉になっているのです。

「関西人なんやから、納豆なんか食わんのや！」

こう言い切る人に、「関西の方だって、納豆がお好きな方もいらっしゃいますから、一度召し上がってみませんか？　これは、昔ながらの製法で作った特に上等なものですか出会いをこうやって自ら断ち切るのが、賢明な選択なのでしょうか？　もちろん好みはありますが、本当に良いモノとの出会いをこうやって自ら断ち切るのが、賢明な選択なのでしょうか？

僕は名古屋出身です。名古屋は世間で言われているほど「エビフリャー」や「味噌カツ」ばかり食べているわけではありませんが、味噌に関しては赤味噌、八丁味噌じゃなきゃダメだ、という声を名古屋の人からよく聞きます。しかし、こういう仕事をしていて全国を飛び回っていると、丁寧に作られた本物は、赤味噌だろうが白味噌だろうが、どれも美味しいんですよ。名古屋人だから赤じゃなきゃ、なんて実につまらない話なんです。

それでも納豆を食べなかったり、味噌のバリエーションが減ったりするだけなら、まだ害は小さいでしょう。本当に問題なのは、

「俺はもう年だから……」「僕はバカだから……」

この手のものです。前に進んでいこうとする意欲を、自分で摘み取ってしまってどうしますか！　特に後者は、生徒の口から聞くことも珍しくありません。そんなときは、

「ふーん、君は〝バカ〟なのに、自分の限界は正確に測定できるんだ。僕なんか、自分がどの程度〝バカ〟なのかさっぱり見当がつかないんだから、君のほうがずっと賢いよね」

とちょっと皮肉まじりに答えたりすることになります。

人が「〜だからこうだ」と言うとき、実はこんなふうに自分で自分の可能性を閉ざしていることがあることを、理解してほしいと思います。

それでも、人は実に自然にこういうことを言ってしまうのも事実です。しかし、その瞬間に本当にそうなのかな？　と自分の頭で考えれば、事態は大きく変わります。

自分が「〜だからこうだ」と安易な決めつけをしていることに気づいたら、3文字換えてみましょう。3文字換えるだけで、考え方が変わります。それは、大げさでなく、生き方を、人生を変えることになるのです。そう、

3文字換えると人生が変わる

んです。どういうことか？　実際にやってみましょう。

「僕はB型だから、どうもいい加減で……」↓「僕はB型**だけど**、きちんとやれるはずだよ」

「関西人だから、こんな味噌汁は飲めん！」↓「関西人**だけど**、ちょっと試してみようかな」

「もう限界なんだよ、だから無理！」↓「もう限界な**のかな**、まだできるんじゃないかな」

いかがですか？　自分の可能性をもっと信じて前を向いて生きていきませんか？

「今でしょ！」の「今」を考えるコラム②

イベントに踊らされるな、日本人！

世の中には無限といっていいほどのイベント、セレモニーが存在します。しかし、僕自身は率直に言って、そのほとんどに興味を失っています。

バブル時代に学生時代を過ごした僕にとって、ずっとクリスマスは大切なイベントでした。しかし、あることをきっかけに、クリスマスと距離を取るようになりました。

そのきっかけとは、A君との出会いです。イスラム圏から、大げさではなく国の代表として日本に留学していた彼と話すうちに、様々なことを学びました。

街がいつも通り赤と緑に彩られるようになった頃、僕は何げなく、こう聞いたのです。

「日本のクリスマスをどう思う？」

「日本人って本当に幸せな民族なんだな、とつくづく思いますよ。でも、日本人が楽しんでいるなら、僕らがとやかく言うことじゃありませんよね」

来日1年足らずで「つくづく」や「とやかく」なんて言葉までナチュラルに使いこなす異国の秀才の言葉は、本当に重く響きました。今やグローバリゼーションの時代であると誰もが言います。しかし、その本当の意味をどれだけの人が理解していることでしょうか？　キリスト教の祭典であるクリスマスを、クリスチャンなどごく一部にすぎない日本人が大騒ぎしている姿を、黙って見ているイスラムの眼――。こういう構図を考えたことがありますか？　考えたことがなくとも考えなくてはいけない時代に来ているのです。かつてブッシュ大統領が「メリークリスマス」と言わずに、「ハッピーホリデー」と言ったのも、こういう時代の流れに即したものと言ってよいでしょう。

クリスマスの日に純粋なクリスチャンがミサに行き、家で家族とお祝いする――、これは当然の振る舞いでしょう。しかし、宗教性を切り捨てて、ただクリスマスだからといって騒ぎ、消費に突っ走る、これはどうでしょう？

A君の「日本人は幸せな民族だ」という言葉は、いつまでも僕の胸の奥底に沈殿して、いまだに溶けていきません。

バレンタインデーやハロウィーン同様、今の日本のクリスマスは、売り上げを重視するコマーシャリズムがあまりにも、主導権を握りすぎていると思います。そうした他人の作ったイベントに踊らされること以上に、もっと大切なことがあるはずです。

それは、日々を確かに生きていくことにほかなりません。高度成長の右肩上がりの時代とは違い、「格差社会」などというイヤな言葉が日常化した、この生きづらい時代において、日々を確かに生きていくこと以上に大切な「イベント」はないのです。

他人がイベントを用意してくれた、だから、とりあえず参加するよ、でもやりたい放題暴れたらごめんね——そんな悲しい、イベントのなれの果てを私たちは最近目にするようになりました。その名を「成人式」と言います。

かつて武士は元服することで、幼名を捨て、一人前の武士となりました。それは何かあれば、武士として一命を賭して責任を取る存在への転生でもあったのです。ところが今は、ただ暦年齢が20歳に達したという理由だけで、公的機関からセレモニーへの案内が届きます。本当の成熟した大人、つまりは「成人」の実質を伴っているわけではありません。そもそも人間がみんな一緒にそうなるなんておかしいではありませんか。個性の尊重というスローガンと大きく矛盾するものを感じます。成人式は集団でやるものではないのです。慣習になっているからという反論が出そうですが、これが古くからの制度ではないことは、歴史を調べればすぐわかることです。

若い頃からそう考えていた僕は、成人式には出ませんでした。しかし、30代のある日、何かの瞬間に「ちょっと大人になれたかもしれない」と感じたときがあって、1人で祝杯をあげました。馴染みのバーテンさんに「お祝いだから付き合って」と言って乾杯しましたが、彼は意味がわからなかったと思います。でも、僕はあの乾杯以上の「成人式」などありえなかったと今でも思っています。

もちろん、世の中からすべてのイベントやセレモニーをなくすことはできないし、またそうする必要もありません。しかし、今私たちに、このたびの大震災を経験した私たちに本当に必要なのは、家族、友人、恋人――そういう身近な、しかし、確かなつながりを大切にしつつ、日常という「イベント」を作り上げていくことではないでしょうか?

「母の日」だから電話するのではなく、毎日親孝行しているから、「母の日」に大騒ぎしなくていいような日々を送ることこそ、真の「イベント」だと僕は考えています。

自分の周囲の、本当に大切な人との間で、小さくても意味のある本当の「イベント」を創り出していきましょう。この厳しい時代を精一杯生きていくこと自体が「イベント」なのであり、それは記録するに値することなのです。既存のイベントに参加する暇があったら、今日という日を確実に生きた自分の姿を記録していきましょう。「何もなかった」そんな1行さえ、いつか意味を持つかもしれないのです。そうやって1行でも記録すれば、それはstoryになりえます。そうしたstoryが積み重なって、いつか自分のhistoryになっていくのです。

第3章

逆算の哲学

——ゴールを見極め、そこからの引き算を考える

完璧を目指すことがいいことではない

幸いなことに、僕の周囲にはとてつもなく「できる人」が何人もいて、アドバイスをくれたり、ときに諭したりもしてくれて、本当に助かります。「自分」というものをしっかり持っているせいか、実に個性豊かで、考え方もさまざまです。しかし、そんな彼らを見ていて、ここだけは共通しているな、と感じることが1つあります。それは、みんな、

逆算の哲学

に基づいて行動している、ということなのです。つまり、いわゆる「できる人」は、今これをやって、次にこれをやってと、順番に積み上げて目標に近づいていくという感覚が希薄なのです。まず、先に物事が完成した状態、つまりはゴールを想像し、そこから逆算して、目標達成に向けて今なすべきことはこう、だからこうする、という感じなのです。

多くの人が「時間が足りない」と言います。しかし、**そもそも時間は足りないもの**なのです。不完全な存在である人間が、「完全」なものを作り上げようとしたら、何度も何度も作り直さないわけにはいきません。それは「永遠」という時間を必要とする作業です。

ですから、人間の目指すべきは、**与えられた時間のなかでベストを尽くすこと**以外にはありえないのです。そして「ベスト」とは、結局は誰かの「**満足**」に行きつくことなのです。

世のなかには「完璧主義者」と言われる人がいます。自分の任務を「完璧」にこなそうとする、もちろん、そのこと自体は悪いことではないのですが、できないことを目指すことで、自分だけでなく周囲も納得できないような状況を作り出してしまう人をしばしば目にしてきました。

一生懸命やっているはずなのになぜ、こんなことが起きるのでしょうか？

それは、彼らが大きなミスを犯しているからです。そのミスとは、すべての行為は、「完全」ではなく、「満足」のために行われているという根本を忘れているということです。

先にあげた「できる人」たちはこのことがわかっているから、逆算の哲学に基づいて順番をしっかり考えて、**できないことはできないと大胆に切り捨てている**のです。最終的に「満足」が得られればいい、ここが「完璧主義者」との大きな違いです。このあたりを、次のページからもう少し詳しく説明していきましょう。

成功のイメージを想像せよ

僕は授業のなかで、頻繁に「**合格のイメージを作りなさい**」と言います。

最近では、ほとんどの大学が合格最低点を発表しています。したがって、その点数をクリアできれば「合格」できるのに、多くの受験生は全科目を完璧にしようと頑張ってしまうのです。東大だって、全科目うまくいくような受験生はほんのひと握りで、1科目くらい失敗するのはむしろ普通なのに……。

ですから、僕は現代文という科目を教えているにもかかわらず、

「**そんなに現代文ばっかりやっていると、落ちちゃうよ**」

と、現代文講師としてはあり得ないような発言を繰り返します。だって、僕の授業を受けていて成績が上がらないようなら、他の科目を伸ばしたほうが早いじゃないですか（笑）。

そんなタチの悪い冗談はさておき、受験生に一番必要なことは、現代文という1つの科目の得点力を上げることよりも（もちろん、それも大切ではありますが）、トータルで、合格最低点を突破し、志望校に合格する得点力を身につけることでしょう。全科目の達人

になることとは、合格という本来の目標達成とは、少しずれているのです。露骨な言い方をすれば、合格最低点を1点でも上回りさえすれば、それこそが満足できる状況であり、受験生のゴールです。

だとすれば、それが実現した未来を想像して、そこから逆算して、やるべきことの順序を間違えずにこなしていくべきなのではないでしょうか？

たとえば、残り時間はあとひと月で、自分の合格のイメージはこうできあがった。とすると、英語にどれだけ、数学にどれだけと、科目ごとの配分も自動的に決まってしまいます。そうなれば、その配分通りに各科目の学習を進めるだけです。

しかし、想像力が乏しくて合格のイメージが作れないと、何をどう頑張っていいかもわからず、やみくもに勉強をしていくことになってしまいます。

さらに、ここで誤った「想像」をすると、大変なことになります。たとえば今、英語の偏差値が40の生徒が、ひと月後に70にまで上げるという合格のイメージを「想像」すれば、それは単なる妄想であって、もはや志望ではなく、単なる無謀です。

正しいイメージを想像できるかどうか、まずはそれが第1段階です。想像力が大切であるという理由をご理解いただけるでしょう。

「満足のバランス」と順位づけ

なすべきことの順番を適切に判断することは、きわめて大切なことです。「できる人」を見ていると、順序を間違えないなぁ、と感心することが少なくありません。では、正しい順序づけとはいかなるものなのでしょうか？

まず、僕自身の予備校の現代文の授業を例にして説明しましょう。

たとえば、授業で小説の問題を扱うとします。その作家が大好きだからといって、知識を満載したプリントを作って「文学論」をぶちあげてしまったら、これは予備校講師として失格です。それは大学の文学部の教授に任せるべき仕事で、僕のやるべきことは入試における小説の問題の解き方、点の取り方を伝えることなのですから。

これが「満足のバランス」を見失ったことで順序づけを誤った例です。授業の目的は受講した生徒にこの授業に出てよかった、という満足感を与えることなのに、自分の好きな作家の知識を振りかざすという「自己満足」を優先しているからです。生徒の満足した顔に向けて準備していれば、小説の解き方を徹底するプリントを作ったはずです。よく似たパターンの確認問題を用意するという発想もあったでしょう。文学史の出題が極端に減っている今の入試において、壮大な作家紹介のプリントなんて、ほぼ不要な「自己満足」の産物にすぎないのです。

今の話は、たとえば一般の会社のプレゼンにもそのまま当てはまることではないでしょうか？　権限を持つ人が最終的に、「**なるほど、君の提案通りにやってみようじゃないか！**」と言ってくれるような状況になれば、そのプレゼンは成功したと言ってよいでしょう。まずその場面を想像してください。プレゼンの議長は、とにかく市場調査を重視するA部長で、その補佐をするB部長代理はコストにうるさく、そしてC課長は他社との比較を突っついてくる——さあ、どう、戦略を立てましょうか？

1つの提案を分析する角度など無限にありますから、どうやったって、完璧なプレゼンなんてありえないんですよ。そもそもプレゼン自体の制限時間だってあります。**結局、何かを切り捨てざるを得ないんです**。そういうなかで、なにがなんでも、プレゼンを仕切っているA部長のOKをもらわなければなりません。ここでの優先順位第1位はA部長を満足させることだということです。とすれば、とにかく市場調査に関しては反論を許さないように、徹底的に分析された資料を用意することが最重要課題です。次にコスト、他社との比較と、こうやって物事の順序を決めていくべきなのです。
もちろん、実際のプレゼンはそう単純なものではないでしょう。しかし、こんなふうに「満足のバランス」を考えつつ順序づけするという思考プロセスこそが「できる人」のそれなのです。逆に失敗する人はどうしても「足し算」してしまいます。先のプレゼンの例に即して言えば、自信があるときほど、**「言いたいこと」をどんどん足していってしまう**のです。

自分が詳しい分野のマニアックなデータ数字をきれいにパワーポイントで作って本番で自信たっぷりに話しても、「そんなことよりももっと必要なことがあるだろう」と一喝されてあえなく撃沈……。本当は、「言いたいこと」を言うのではなく、成功の場面をしっかり想像して、そこから逆算して「言うべきこと」を、言うべき順序で言わねばならなかったのです。

成功には受験のように自己満足が目標になるものもあります。しかし、多くの場合、特に「大人」に求められる成功とは、誰かが満足した状況を作り出せるかにかかっていることが多いのです。自分の満足は、その満足の反射として得られるものであって、「自己満足」を優先すれば、たいていは失敗に終わります。

以上をまとめれば、逆算の哲学とは、

①まず想像力を駆使して成功のイメージを作り上げること
②そのイメージに向かって「満足のバランス」を考えながら物事の順序づけを行う

ということになります。世のなかには、まず走れ、それが一番大切だなどとあおり立てる人がいます。それは大きな間違いです。まず、どんなに忙しくともいったん立ち止まって成功をイメージし、そこから逆算してやるべきことを、やるべき順番でやっていく人がうまくいくのです。僕自身、順番を間違うなよと自分に語りかけることは珍しくありません。

もちろん、いったん成功のイメージができあがったとしても、準備を進めるうちに変更を余儀なくされることはあるでしょう。しかし、成功のイメージがしっかりとできあがっていれば、おかしな変更を防ぐこともできるのです。つまり、単なる「自己満足」のための逸脱を防いで、「満足」に向けての適切な修正が可能になるのです。

あの、世界を代表する映画監督であるスティーブン・スピルバーグ氏はこう言っています。「ラストシーンから書く」――多くの人の賞賛、すなわち「満足」を獲得してきた巨匠ならではの、本質を知り尽くした言葉だとは思いませんか。

未来のどこから逆算するべきか？

逆算の哲学は、もっと大きな視野で考えれば、いわば人生設計の柱ともなりうるものです。そういう観点から、逆算の哲学のもう1つの面について説明しましょう。

人は毎日の生活に忙しく、また確かな日々を重ねていくことは大切なことです。しかし、それだけにとどまれば、やはりそれは「足し算」の生き方です。日々の一喜一憂に流されてしまうことにもなりかねません。**未来の1点から今の自分を見つめ、そこから逆算して今の自分を考える**ことも充実した人生のためには大切なことです。

あなたが20代ならまだ「準備期間」としての迷走も許されるかもしれませんが、もし30を超えているならば、少なくとも何年か先の自分を見据え、さらにその先にある40代、50代の充実を図るべきです。とはいえ、究極の終点である死から自分を見つめる――こんなことができるのは、よほど偉大な宗教家だけで、凡人にはとても無理な話です。だとしたら、未来のどのあたりから逆算するのが現実的なのでしょうか？

僕の同期のA君、いやそれでは面白くないのでかりにザイゼン君としましょう。ザイゼン君は28歳のときに、僕にこう言いました。

「僕は、48歳で教授になるから」

僕がまだ、小さな塾をかけもちしながら、日々の予習と授業に追われ、将来のことなど何も考えていなかったときにです。当時、ザイゼン君は大学の研究室の助手を務めていました。彼は、今後20年間で書くべき論文のリストを作り、それを送る雑誌のピックアップも終わり、大体のスケジュールも完成した、と言うのです。いやぁ、強烈でした。

その後7～8年たって准教授になった彼と再会したときに、「計画どおりにいきそう?」と半ばからかいながら僕が言うと、「いや、46歳に変更になった」と真顔で言うのです。

なんでも、その年に自分の専門の教授が退官してポストが空くのだそうです。そして、微修正はしつつも、だいたい20代後半のときに立てた計画どおりに進んできたとも言いました。一方、当時の僕は、ぼんやりと数年後が見えるかなといった程度で、彼とは大きな差を感じました。そして彼は、公言通り46歳で教授になったのですからたいしたものです。

こういう生き方については、少なくとも僕には無理で、推奨する気にもなれませんが、実際にこういう生き方をしている人間が存在していることは紛れもない事実であり、同じ時代に生きる私たちが、学ぶべきものがあることも確かです。

僕は、自分とはかけ離れた生き方をする彼から、次の2つを学びました。

①どれだけ先の自分が見えるかは、その人の環境によって異なる
②どれだけ先の自分から逆算するべきかは、意志の強さに比例する

ザイゼン君は20年後に自分が教授になる姿を想像して、そこから逆算してスケジュールを組みました。これは、大学という組織が比較的安定していて、未来像を創りやすい環境であったからとも言えます。また②については、ザイゼン君の意志の強さを説明する必要もないでしょう。僕なども意志の強いほうではありませんから、20年なんてとても無理です。あまり極端なことを考えるのではなく、自分に合ったスパンの策定をすべきだということをここから学ぶべきだと思います。

組織には未来の姿が見えやすいものと、そうでないものとがあります。サラリーマンや公務員の方は、先が見えやすいのではないでしょうか？　一方、自由度の高い仕事をしていると、なかなか先が読みづらいものです。また、ポジションや時期によっても将来が見えやすいかどうかが変わってきます。

たとえば、僕は銀行に入って研修が終わって支店に配属されたときに（実は、元銀行マンです）、少し上の先輩に「1年後の自分を想像してみたまえ」と偉そうに言われて、心のなかで「わかんねーよ」と毒づいていました。だって、その部署ではどう時間が流れていくのかまださっぱりわからない人間にそんなことを言ったって仕方ないではありませんか。「この人は、あまりできない人だ」と思っただけです。しかし、同じ言葉を3か月後に聞いていたら、まったく反応は違っていたと思います。その部署での時間の流れがつかめるようになっていましたから。これがもし、10年以上も同じ会社にいて、たとえば係長にでもなっているような人であれば、もっと未来の姿がよく見えることでしょう。

このように、同じ組織にいたとしても、時期やポジションの違いによって、見える未来の範囲は異なってくるものなのです。こういう様々な状況を考慮するならば、

5年後の自分の姿を想像せよ！

ということになると思います。

先にも述べたように、組織が安定的でもっと先が見えるのであれば、10年というスパンでも構いません。しかし誰しもが、少なくとも5年後の自分の姿を想像することから逆算して、今日という日を生きる意識を持つべきなのです。

こういう意識を持つことは、日々の忙しさや目の前の快楽に流されがちな人の背筋をシャンとさせてくれます。

5年という時間の重さを知るために手帳を使う

「5年」とは、どういう重みをもつ時間なのでしょうか？　「5年」という時の経過のなかで人はどういうことができて、どう成長するものなのでしょうか？　これは個人差がありますから、他人の5年の話を聞いたところで何の参考にもなりません。**「自分の5年」の重みがわからぬままに5年後から逆算したところで、その想像は意味のあるものにはなりえない**のです。では、どうすればいいのでしょうか？

本当に人間が実感を持って管理できる時間なんて、5分くらいではないかと僕は考えています。1時間という時間だって、楽しくてあっという間に過ぎてしまったり、退屈してなかなか過ぎていかなかったりと、どうも自分の感覚のなかに収まりきってくれません。

時の流れなどという遠大かつ永遠のものに、ちっぽけな人間が立ち向かったところでどうにもなるものではありません。しかし、「自分の時間」をある程度管理せねばならないのが、また人間でもあるのです。

先に5年後の自分を想定して、そこから逆算して今の自分を考えることが大切だと言いました。それを、単に実現不能の夢を語るだけではない、本当に意味のあるものにするためには、5年という時間の重さを認識する必要があります。そのためにはどうすればいいのでしょうか？

これから先の5年は未知であるとしても、あなたには過ぎ去った5年、いやそれ以上の年月があるはずです。未来の把握のためには過去を活用する、これこそが予知能力に恵まれない人間の、時という巨大な敵に対する最高の対抗手段なのです。そのためには、まず、が不可欠です。

過去を記録すること

多くの人が手帳をつけていることでしょう。その使い方を少し工夫するだけで、あなたの時間感覚を磨くのに、ずいぶんと役立ってくれるのです。

まず1年の初めに、手帳のどこかに、必ずその年の目標となることを書き留めてください。それ自体は別のものに書いてもかまわないのですが、自分の時間の管理を一元化しておいたほうが何かと便利ですから、手帳を用いることを推奨します。

そこでは、最低限やらねばならないこと、できればやりたいこと、興味を抱いていることなど、すべて書いておいてください。資格試験を目指すならばそれも書いてください。たとえばTOEFLを受けるのであれば、現在の点数と、その年の目標とを両方書いておくべきです。趣味やスポーツだって書いておきましょう。ゴルフのベストスコアの更新だって立派な目標です。

そうやって1年の目標を網羅して、年度中に達成できた項目には○をつけていきます。そして1年たったときに、その達成度を確認してください。年末でも年明けでも構いません。これは1人になって、じっくりと行うべきです。過去1年の自分と対話し、これから始まる1年を生きる自分にエールを送る大切な時間なんですから。

まず、年初の目標をどれだけ達成できたかをまず確認します。次に、年初に想定してはいなかったが、その1年のなかで起きた成長、飛躍として評価できるようなことを書きます。さらに、その年の大きなミス、思い出すのがつらくなるような大失敗を克明に書き込んでいきます。最後に、1年を自分で評価してください。最高の1年、まあまあ、イマイチ、最悪などなど。それが終わったら、引き出しにでも大切にしまっておきましょう。

これを5年続けるとどうなるでしょうか？　いい年もあれば悪い年もあり、1年というという時間は、基準にするには案外ブレが大きいものです。また、1年では収まり切らないことも数多くあります。しかし、それを5つまとめて5年という時間の塊でとらえてみると、自分という人間のできることがかなり明確になります。5年間とはこれだけのことをなしうる時間だという確かな手応えがあって初めて、5年後という未来からの逆算を、真に意味のあるものとすることができるのです。

僕はもう10年以上同じ手帳を毎年購入しています。この同じ手帳を使い続けるという習慣はちょっとおすすめです。使い慣れているということもありますが、1年前、あるいは2年前の自分が同じ時期にどんな仕事を抱えていたか、どんな本を読んでいたかなど、過去の自分との対話がとてもしやすいのです。

特に、先に申し上げた、1年間の目標と達成の記録はしばしば見直します。3年前からずっと解決されていない課題が明らかになったり、当時は問題だったのに、今ではまったく気にならなくなったことなどが明らかになったり、自分の成長と停滞とを明確に認識できるのです。

僕自身は今、5年後、いやもう少し先まで自分の姿をかなりクリアーに思い描くことができるようになりました。それは、この手帳たちのおかげと言っても過言ではありません。

手帳のもう1つのメリットは、短期的な時間、たとえばひと月という時間の管理がしやすくなる点です。これは手帳の一番一般的な機能でもありますから、ここで詳しく説明する必要もないでしょう。

ひと月という「短期」の時間を管理し、1年という「中期」の時間の認識を積み重ねることで、5年、さらにはそれ以上の時間という「長期」の充実を図っていく——こうした**「短期」→「中期」→「長期」という時間感覚を自分のものとすることで、逆算という行為がますます意味を持つものになっていく**のです。

毎日の忙しさに負けてしまって、ただ「足し算」の日々を送るのではなく、逆算の哲学を自分のものにして、確かな時を刻んでいってください。

将来を見据えた逆算をするべき

仕事柄、東海道新幹線には本当にお世話になっています。1週間のうち、週5回最終の新幹線に乗るような生活をしていたことすらあるほどです。しかし、時折このネーミングは何とかならなかったのかなぁ、と思うことがあります。

東海道新幹線は、最初「ひかり」と「こだま」の2種類で、後から「のぞみ」が加わって、今の3種類となりました。問題はこの「のぞみ」の登場をきっかけに起きたのです。

東海道新幹線開通以前、そもそも東京―大阪間を走っていたのは特急「つばめ」でした。そこへ東京オリンピック開催に合わせて、新幹線を走らせたわけです。この時「ひかり」、「こだま」というネーミングを採用した心情は痛いほどわかります。鳥よりも速いものは、音と光だ、実にシンプルな発想です。当時の「ひかり」の最高速度は毎時210㎞で、4時間かけて東京―大阪間を結んでいました。

しかし、このネーミングは逆算の哲学の欠如を感じるものでもあるのです。すなわち、将来においてもっと速い新幹線が生まれる可能性はないのだろうか？　そういう想像力が働いていれば、「ひかり」というこの世の最速の存在の名称の採用に、ためらいを感じたはずです。

案の定、「ひかり」よりももっと速い「のぞみ」が1992年に導入されました。「こだま」→「ひかり」というネーミングには明確な秩序の存在を感じます。しかし、その「ひかり」より速いものがなぜ「のぞみ」なのか？ もうここに秩序はありません。

その後の新幹線のネーミングの状況は皆さんご存じのとおりです。一切の秩序もなく、山の名前だったり鳥の名前だったり花の名前までが（適当に）つけられています。

今や、新幹線は世界に誇る日本のトップ技術です。だとしたら、明確な秩序性を感じさせるネーミングがあれば一層よかったのになぁと、たまに考えたりしてしまうのです。

まあ、そうはいってもこんなことを考える人間はそんなに多くないでしょうし、実害があるわけではありません。しかし、「ファイナル・セール」と銘打って、なおかつセールを続けると、やはり消費者は不信を抱きます。もう最後だと思ったから買いにきたのに、なんなのこの店は、という感じで。

将来を見据え、そこから逆算したネーミングをすることもまた大切なことなのではないでしょうか？

「今でしょ！」の「今」を考えるコラム③

今の生徒たちの〝名前〟に感じること

ずいぶん前に、高校の先生と現代文の指導について話していたときのことです。生徒の成績表を見ながら、あれこれ話していたのですが、そのとき妙なことに気づきました。

上位の生徒は「明子」、「良子」、「宏美」など普通に読める名前が圧倒的で、特に「子」がつく名前が多いのです。一方、下位になればなるほど「これなんと読むんですか？」と聞かなければならないような「難読」名が増えるのです。かなりの数のクラスがありましたが、すべてそうでした。

「こういう難しい名前の生徒の親は、クレームも多いんですよ」

高校の先生は、そうもおっしゃっていました。僕は、これは単なる偶然ではないと思っています。

親は自分の子どもが立派な人間になることを願って名前をつけます。あくまでも究極の目的は子どもが素晴らしい人間に成長することであって、名前はその過程において、なくてはならないものではありますが、1つの「道具」であることも事実なのです。

人の名前を読み間違えることは失礼なことです。しかし、「普通」に読めないような名前は、やはり読めないのです。そういう名前をつけられた子どもは、誤読されて嫌な思いをする、あるいは、いちいち説明しなければならない煩わしさを一生抱えて生きていくことになるのです。だから「本質」がわかっている親は、「普通」の名前をつけるのです。こだわるべきは名前ではなく、その子のあり方そのものなんです。

全員名前に「子」がつく、優秀な4姉妹のお母さんと偶然お話ししたとき、

「谷崎潤一郎の『細雪』みたいですね」

と言ったところ、

「すぐに女の子だってわかるからいいでしょう?」

と、そのお母さんはにこやかに答えられました。その4人がすべて、単に成績が優秀というだけでなく、きちんとしつけられた「お嬢さん」であったことは、偶然ではないのです。「本質」をしっかり理解されたお母さんが、そしてご家族が、愛情を込めて育てられた、必然の結果だったのです。

そもそも皆さんは名前=固有名詞についてどのような認識を持っていますか?

人間は、切れ目のない連続体(これを「カオス」と言います)では認識できなくて困る

ので、適当なところで名前を付けて区切ります。たとえば、時という切れ目のないものを1月、2月といった具合に区切ります。

このように、名前をつけることは切れ目を入れることなんです。そういう区切りには何段階もあって、動物→哺乳類→犬→ポメラニアン、と何段階も区切ってどんどん小さなグループに分けていくのです。だから、名前＝固有名詞は、こういう分類における、最後の区切りなんです。ちょっと難しい言葉で言えば、最末端の分類語こそ名前であると言っていいでしょう。

しかも、この最末端の分類語だけは、人が自由に選ぶことができて、思いを込めることができるというシステムなのです。「哺乳類」、「犬」という言葉に思いを込めることはできません。しかし、黒くてかわいらしいから「ショコラ」君ね、これは可能です。だから、つい「過剰な」思いを込めてしまう。その気持ちはわかります。しかし、その「思い」はもっと別な形で子どもに込めることはできないでしょうか？　名前の読みにくい子どもの成績が悪いことが多かったり、そういう親のクレームが多かったりするのは「思い」の込め方が少しずれているからである可能性が高いのです。

僕の周囲の「優秀だなぁ」と思う人は、名前についてのこだわりのない人ばかりです。

そんなことよりももっと大切なことがあることがわかっているのです。

僕の予備校の自慢と言ってよい、とびっきり優秀な先生がいます。彼が東大の大学院をやめて予備校界に入った際に、時の東大の総長が「日本の損失だ」と激怒したという話が伝わってきていたぐらいですから、その優秀さがおわかりいただけるでしょう。

その彼と、人と名前＝固有名詞について話したことがありました。

「単なる分類語なんだから、林一番、二番、三番で十分だよ」

僕がそう言うと彼は、

「それさえ必要ないなぁ。僕は、A328でかまいませんよ」

にやりと笑う彼を見て、あっ、負けた——素直にそう思いましたね。さすがにこれは極論ですが、何が一番の目的なのか、そこから逆算してものを考えられる人は、つまらないこだわりは持ち合わせてはいないものなんです。

考え方自体の差があまりにも大きい、改めて思わざるをえません。

それでも、そういうのは頭でっかちな人の屁理屈にすぎない、と反論する人もいるでしょう。そんな人には、日本、いや世界最高の野球選手の名が「スズキイチロー」というきわめて平凡な名前であることをお伝えしておきましょうか。

第4章

権威トレンドをとらえろ

——正しいことを言っても伝わらないのはなぜ?

相手に「伝わる」言葉を探せ

言葉は生き物だとよく言われますがこういう仕事をしていると、それを痛感する場面に数多く出会うことになります。

そもそも言葉による伝達は、かなり危ういものです。「○○デパートの入り口で6時にね」、「よし、わかった」と言ったのに、相手が来ない。電話をしてみると「お前どこにいるんだよ?」と逆切れされる始末……。「なんだ、そっちの入り口か」、こんなレベルならこれで済むわけですが、少し複雑になるとこうはいきません。

僕の仕事は、高校生や浪人生に受験の現代文を教えるという仕事です。高校生が普段まず使うことのない、もしかしたら一生使うことのないような難しい言葉、たとえば「二律背反」だとか「自己韜晦《とうかい》」だとかを、相手にわかるように伝えねばなりません。

わかるということは、相手の脳のなかでイメージがちゃんと広がって、相手が「ああ、そういうことなのか」という状態を作り出さねばなりません。そのためには、相手の脳のなかに、そういうイメージを広げる「グッズ」が揃っているかどうかを注意深く見極める必要があるのです。

たとえば、現代文の試験問題でもよく出てくる「牧歌的」という言葉があります。ヒツジやヤギを世話する牧童たちの歌という意味から派生して、都会を離れた田舎での、豊かな自然に囲まれたのどかな暮らし、あるいはそういうところに住む人ののんびりした性格、生き方といった意味で広く理解されている言葉です。これを説明する際に、以前は「ハイジやペーターみたいな感じね」、これで済んだんです。しかし今や、「ハイジって誰ですか？」という質問が普通に出るようになりました。

そりゃそうですよね。何しろ、あの宮崎駿さんのテレビデビュー作なんですから。その後何度も再放送されるので、誰もが知っているように思っていましたが、これは大きな誤りでした。そして僕はこの説明を捨てました。「ちゃぶ台」が出てきたときに、「星一徹がいつもひっくり返してるやつね」という説明も同様です。

言葉は自分のメッセージを伝える手段です。何らかの思いをのせて発せられるわけですが、その、

「伝える」言葉が「伝わる」言葉になっているのか？

を考えるべきなのです。そのために相手の普段の言葉の使い方から、相手の趣味、読んで

いる本、そういった様々な要素を観察して、相手の脳のなかのイメージを広げる「グッズ」には、どんなものがあるのかを考えてから、「伝える」言葉を発するべきなのです。

たとえば、ほかとは比べものにならないような強力なライバル会社を「いやぁ、ああいうディープインパクトと同じレースを走るのは大変ですよ」と言った際に、相手が競馬好きならば、「でも、君の会社がハーツクライにならんとも限らんじゃないか」と、きっとニヤニヤしながら答えてくれるはずです（ちなみに、ディープインパクトというのは、最近の日本の競馬ではとてつもなく強い馬で、その強い馬を日本馬で唯一、一度だけ負かしたのがハーツクライなんです）。

単に「伝わる」だけではなく、**自分の得意な領域の言葉（専門用語）で繰り広げる会話を多くの人が好む**ので、会話そのものが弾む可能性も高まります。

しかし、世の中は競馬好きだけとは限りません。「ディープインパクトってなんですか？」となった瞬間にこの言葉を捨てるべきなのです。

特に年を取ってくると、自分にとって絶対自信のある説明や、説教をいくつも人は携えるようになります。ところが言われる相手はどんどん変わるものですから、同じ言葉を発しているのに、以前のような効果が得られない——そんなとき「今どきの若いモンは」など言いがちなのですが、そういうときこそよく考えてほしいのです。**自分は本当に「伝わる」言葉を使っているのか**、と。

これは世の変化のなかで、少し時代からこぼれかかっている自分を見直すいい機会でもあります。

僕の業界でもかつて一世を風靡したような、いわゆる「大物」講師がしだいに生徒を集めることができなくなって、ついには消えていった例を何人も見てきました。そのうちのいくつかの授業を見たことがありますが、自分の「伝える」言葉を過信しすぎているな、と思ったことが何度もあります。かつて成功したがゆえに、その見直しを怠ってしまったのでしょう。

自分の「伝える」言葉を固定せずに、相手や状況の変化に応じて「伝わる」言葉を探す習慣を身につけましょう。そのためには、目を動かして相手をよく観察し、相手の権威トレンド（次のページで解説します）を的確につかむことが大切です。

相手の脳のなかのイメージの広がりを的確につかみ、言葉を用意すること。そうすれば、あなたの「伝達力」は飛躍的に高まるはずです。

権威トレンドって何？

「正しいことを言っているのにどうしてわかってもらえないのだろう？」

「同じことを言っているのになぜあいつの意見が採用されるんだ！」

「なんでわかんないんだ！　あのアホ課長め！」と酒場で愚痴ったところで何の解決にもなりません。どうしてこういうことが起きるのでしょうか？

答えは簡単です。あなたのなかに、この人の言うことは聞かなくては、と思わせるものがなかったからです。同じことを言った他人の意見が通じたというのは、彼にはそういうものがあった、ということにほかなりません。

思いが通じるかどうかは、言葉を発する前に勝負がついていることが案外多いのです。

アメリカのエマーソンは「人は見ようとするものしか見ない」と言いましたが、**聞こうとするものしか聞かない**ものでもあるのです。

今述べた、相手が「この人の言うことなら聞かなければいけないな」という思いをあなたに対して持っているということはすなわち、あなたにその言葉を聞くだけの「権威」を感じているということです。これがすべてではないものの、こういう「権威」を感じずして、人は他人の意見をなかなか聞くものではありません。

「正しいから聞く」のではなく、

「この人が言うから、聞こう」

と関係が逆転していることを、まず頭に叩き込んでください。

そして、いったん「この人が言うなら聞こう」という状況を作り上げてしまったら、逆に言っていることが正しいかどうかなんて、最重要ではなくなるのです。

たとえば、有名な芸能人やスポーツ選手が、占い師にはまってしまって、その人の言うことしか信じなくなったという記事を、週刊誌などで眼にすることがあります。そういう人たちが、第三者から見たらどう考えてもおかしい、つまり「正しい」とは思えないような言葉に従ってしまうのは、この人の言うことなら何でも聞こうとする「権威」を、その占い師に感じているということなのです。

では、人はどういうところに「権威」を感じるのでしょうか？　実は、これが人それぞれなんです。だから、同じことを言っているのに通じたり通じなかったりするのです。この、どういうところに「権威」を感じるかという傾向のことを、**「権威トレンド」**と名付けることにします。

「権威トレンド」は人によって大きく異なりますが、その人のなかでは一定の傾向があります。たとえば、学歴にひどくこだわるような人がいますよね？　こういう人は、それほど学歴の高くない人が、いくら正しいことを言ってもまったく聞こうとしなかったりします。にもかかわらず、同じ内容の言葉を有名大を出ている○○さんが言った場合には、「いやぁ、さすがだ」などと平気で言うのです。

あさましい、と言うなかれ。みんなそうなんですって。

「権威」と感じるものが違うだけです。

自分はおシャレだと自認している人が、ダサい格好をしている人の話をなんとなくまじめに聞く気になれないというのも、先の学歴主義者とまったく同じ精神構造なんですよ。人にはこういう判断基準があるのだということをまず認識してください。

したがって人それぞれの権威トレンドを的確に読み取って、その人が自分に「権威」を感じるように、つまりは「この人の言うことなら聞こう」という状況を作り出していくことこそが、自分の思いを届けるために一番大切になるのです。

相手の権威トレンドをとらえるためには？

権威トレンドはどのようにとらえていけばよいのでしょうか。
まずは、とにかく相手を観察することです。その言葉を聞きもらさないようにしましょう。なぜなら、人は自分の言動を通じて、どうしても自分の権威トレンドをさらけ出してしまうものなのです。自分のことをわかってほしい、自分を認めてほしい、と思う相手をまずじっくり観察してください（くれぐれも、いきすぎない範囲で）。

人は自分の興味がある分野に権威を感じます。なかでも、

優越感かコンプレックスを抱いている分野

においては、強い権威トレンドが発生します。
先の学歴主義で言えば、自分が高学歴だと自認している人や、逆に自分の学歴にコンプ

レックスがある人のどちらかが、学歴のある人に権威を感じることが多いのです。その一方、自分があまり関心を抱いていない分野の場合、権威トレンドは発生しにくいのです。

たとえば、会社のデスクを非常にきれいにしている上司は、あなたの机が汚いというだけで、あなたの言葉を聞く気持ちが低下しています。ところが、自分も机の上が散らかっていて平気な上司の場合には、机の上がきれいかどうかは、まったく判断材料にはならない場合が多いのです。

このように相手を観察して、相手の関心がどこにあるかを意識しなければなりません。そして、どういう優越感、またはコンプレックスを抱いているのかの観察をすること。これが権威トレンドをとらえるための基本となるのです。

ここまで、ビジネスシーンの例を用いて説明してきましたが、実は権威トレンドはそれにとどまるものではありません。すべての人間関係の基本にあるものであって、男性が女性を口説くときにだって意識すべきものなのです。

また、職場のような日常的に顔を合わせる場所においては、その日常そのものがあなたの権威を左右します。普段いい加減で遅刻ばかりしていて、いざ会議で「いいこと」を言ったとしても、周囲の目は冷ややかになりがちです。

世のコミュニケーションの達人たちは、日常のうちに自分の意見の通じる状況を作り上げているのですよ。

意外と難しいのが家庭です。家庭では休息したいという思いもあって、つい自分勝手にふるまってしまいがちです。また、いちいち言わなくてもわかるだろうと、最も甘えに支配された空間にもなりがちです。

そういう過ごし方をしがちなだけに、家族に権威を認めてもらうことは、実はかなり難しいことです。会社で抜群に仕事ができる人の家庭が実は崩壊寸前であったりするのもそのせいです。

家族がお互いに権威を感じているような家庭はまず平和です。思春期になって、異性に関心を持ち始めた娘さんは、家でもカッコいいパパの言うことなら、絶対に聞きますよ。

あまりにも当たり前のことですが、まず、きちんとした日常を構築すること——これこそがあなたの権威の最大の源泉なのです。

いつ伝えるかを考える

わずかな状況の変化でも、人の気持ちは大きく変わってしまうものです。

そこで、相手があなたの言うことを聞かなければならないと思う、つまりはあなたによ り強い権威を感じる状況の差について、順番に見ていくことにしましょう。

いつ伝えるか？　というと、単に空気を読むという感じを受けるかもしれませんが、伝えるべき時間を間違えただけで、相手があなたの言葉を聞く気がなくなってしまう、つまりはあなたに聞くべき権威を感じなくなってしまうこともありますから、これも権威トレンドの問題と考えることができます。

「悪いけど、その話は後にしてくれ」

こう言われた時点で、すでに相手はあなたの話を聞こうという気持ちが1ランク下がっています。そういうことを繰り返していると、その姿を見ただけで、話を聞きたくないという条件反射まで引き起こしかねません。いわゆる「間の悪いヤツ」という評価が下ってしまうと、名誉挽回はなかなか困難です。

自分の話を通じさせたいなら、通じやすい時間、つまりは余裕をもってあなたの話を聞こうとする時間を選ぶべきです。これもまた、相手のタイプによって大きく変わってきます。そのために意識するべきは、次の2ポイントです。

①オンとオフの感覚

仕事を定時に片づけて、スパッと帰っていく人は、オン・オフの切り替えがはっきりしているだけではありません。会社に遅くまで残っているのは、能力がないからだと考えがちです。

そういう人に対して、相手がオフだと思っている時間、つまり、就業時間後に話を持ち込めば、よほど緊急でもない限り、なんて無能なヤツだという意識がまず強く働いてしまいます。休日に押し掛けるなど論外です。そんな状況であなたの話を聞こうという気分になるわけがありません。

こういう人の多くは、早めに出社して、午前中に仕事のめどを立てる傾向が強いので、このタイプには早め、特に午前中に勝負をかけるべきです。

一方、馬力があって残業なんてへっちゃら、いやむしろ残業するほど仕事熱心と考えるタイプもいます。オフであることを主張すると、「何がオフだ、おれたちが若い頃は……」なんて始まるオジサンは、まさにこのタイプです。彼らには、むしろ就業時間後に、おずおずと「あのう、ご相談が……」と出ていくと、「おっ、仕事熱心だな。で、話ってなんだ?」とスムーズに通じることが多いのです。

②伝達のコアタイム

あなたの周りに、だいたい一定の時間に電話や、連絡をしてくる人はいませんか?

これが徹底されていると、「この時間だからあの人ではないか?」という逆転まで起きて、相手が安心した気持ちで話を聞きやすくなります。

ですから、あなたも「伝達のコアタイム」を作るよう心がけるとともに、コアタイムがはっきりしている相手には、その時間を中心に連絡を取るよう心がけるべき、というわけなのです。

「どこで伝えるか？」の基本は「アウェイ」

基本は「アウェイ」、という感覚を持ってください。えっ、逆じゃないの？　と思った人は、そう思った理由を考えてください。自分の「ホーム」のほうが安心して交渉できるからでしょう。ということは、そんなところに相手を引きずり込めば、最初からガードが固くなります。つまり、あなたの言葉を聞こうという思いが減ってしまうのです。

特に自分よりも上の人に何かを聞いてもらおうとしたら、まず「アウエイ」で勝負すべきです。これは、強敵に対して、相手の懐に飛び込むという弱者の基本的な戦い方に通じるものがあります。相手は自分の「ホーム」にいるという余裕から、「まあ、聞いてやろうじゃないか」という気持ちになりやすいもので、これは、あなたにより多くの権威を認めているのと等しい状況です。

ですから、交渉の基本は「アウェイ」で、となるわけで、相手の「ホーム」あるいは、相手の指定する場所に堂々と乗り込んでいきましょう。

また、食事をしつつ、つまりは接待という場合もあるでしょう。

予算の枠が決まっていて自由に選べないのはわかります。しかし、**相手が店に対して感じる権威が、そのままあなたの権威になる**という原則を理解しておくべきです。「ああ、いい店に連れてきてもらった」と思う相手は、「なんだ、こんな店に連れてきやがって」と思う相手よりもあなたの話を聞こうというマインドになりやすい、というあまりにも当たり前のことです。同じ予算でも、相手がより権威を感じるようなチョイスをするべきです。

この際に考えることは味、高級感、静寂度、人気、清潔感です。自分の好みを優先するのではなく、相手はどんな店を喜ぶのかを全感覚を総動員して観察しましょう。

まず静寂度に関して言うと、静かな店を好む人は、騒々しい店ではテンションが下がってしまうものです。特にあなたが声が大きくてうるさいと言われることが多い場合には（自覚しているケースは少ない）、注意が必要です。一方、店がうるさくても全然気にしないという人もいます。想像がつくでしょうが、そういう人自身がうるさくて、騒ぐのが好きなのです。こういう人を静かで、雰囲気のいい店に連れていっても、効果は望めません。

清潔感も意外に重要なファクターです。清潔かどうかを重要視する人に、小汚いが美味いという店は禁じ手です。もちろんおいしいお店のほうがよいとしても、小洒落ているが味はイマイチという店の選択も考えるべきです。

味・高級感・人気はセットで考えるべきです。僕の経験で言うと、本当に味覚が発達している真の食通はごく少数です。こういう人にごまかしは通じませんが、一方で、多くの自称「食通」は、結局値段が高く、人気があって予約が取れない、あるいはネットの評価が高いといったことのほうを喜ぶのです。ワインを舌で味わうのではなく、メニューの値段とラベルで鑑賞するタイプです。こういうタイプにはそういう情報の提供も不可欠です。とにかく基本は、相手がお店のどういう点を評価するか、すなわちどこに権威を感じるかを読み取ることです。

この点で、今の若者は少し訓練が足りないのではないかと、僕は危惧しています。

女性に「私をスキーに連れてって」と言わせようとした我々バブル世代は、彼女はどんな店を喜ぶか、どんな店なら口説けるかを、日夜考え抜いたものです。それは全身全霊をかけた戦いでもありました。インターネットもまだ普及していなかった時代、デートの下見をしておくことなど常識だったのです。

今考えると、それは、食事をする店に限らず、相手が喜ぶ場所を見つける感性を磨く時間でもあったのです。実際にシビアな結果が出ますしね（笑）。あのときの投資と努力が、今非常に役立っているのを感じます。今の若者にも、もっと頑張ってほしいと思います。

誰が伝えるか？

自分で伝えるんじゃないの？　もちろん基本はそうです。しかし「逆算の哲学」を思い出してください。最終的に、相手があなたの意見を聞き入れてくれればよいのですから、相手が権威を感じやすい第三者をうまく利用するという手だってあります。先に学歴主義者の例を示しましたので、それをもう少し掘り下げましょう。

相手が高学歴を誇るイヤな奴で、あなたの大学をバカにしている、しかし、何とかその人の賛同を取りつけたいという場合を考えてみましょう。そんな場合、相手よりもさらにいいと言われている大学を出ている部下のA君をうまく使うという手も考えられます。交渉に同席させて、いかにも彼があなたを動かしているような形を取れば、あなたが直接言うよりも聞き入れる可能性が高くなるのです。

この学歴以外にも、相手がどういうタイプかによって協力を頼む人が異なってきますので、それを簡単に述べていきましょう。

①相手が自信家↓自信のなさそうな態度の人間に権威を感じません。あなたが堂々とふるまうか、自信に満ちた人間を同席させるべきです。
②女好き↓女性に主導させましょう。ただし、セクハラにはくれぐれもご注意を。
③天才肌↓努力家をバカにします。できるだけ努力の跡を見せずに話すか、相手と同タイプを連れていきましょう。
④ファッションにうるさい↓「ダサい」人間を評価しません。あなたも改善を図り、シャキッとしたイケメンを連れていきましょう。

ほかにもありますし、ちょっとパターン化しすぎているきらいもありますが、こういう点を配慮して損をすることはありません。参考にしてください。

全体的に「小物」ほど権威を認める幅が狭いので、そういう配慮をする必要が高まります。一方「大物」の場合には、権威トレンドを気にする必要がなくなります。なぜなら、あなたの中身だけをしっかりとらえてくれますから。逆に言えば、あなたの中身そのものが問われる、ごまかしのきかない一番の難敵でもあります。

伝える相手に合わせる話し方

①話す速度

基本は、相手の速度に合わせることです。特に、相手がゆっくり話す場合に、早口の人間を軽薄、うさんくさいと否定的にとらえる傾向がありますから、早口という自覚のある人は気をつけましょう。

②話す順番

文章の書き方として、最初に結論を書いて、その根拠を示していくのを頭括型と呼び、順に説明していって、最後に結論を示すのを尾括型と呼びます。人の話し方も同様です。

頭括型の人は、まず結論を先に聞きたがります。ですから順を追って説明していこうとすると、「言いたいことを先に言ってくれないか」などと言われてしまうことになりますから、あなたも頭括型でいきましょう。

一方、尾括型の人はあなたの説明に沿って、自分のなかで理解していく傾向が強いので、尾括型の説明が有効となります。実は、尾括型の人は相手に説明しながら、自分に対しても、これでいいよな、と確認しながら話す癖がついてしまっているのです。それが伝わるので、頭括型の人はそれがイライラして「結論を言ってくれよ」となる面もあるのです。

こういうところまで配慮することで、せっかくいいことを言っているのに相手に聞いてもらえないということを減らしていくことができるのです。

これは相手が複数存在する、たとえばプレゼンの場合にも考えるべき事柄です。そのプレゼンを仕切る人のタイプを思い描いて、案を練りましょう。

この頭括型か尾括型かについてテレビ関係者の方がちょっと面白い話をしていました。バラエティー番組の担当者には、バーンと先にタイトルを突き付けて視聴者を引っ張ろうとする頭括型が多いんだそうです。一方、情報番組の担当者には、順を追って説明を積み上げていく尾括型が多いんだそうで、一緒に仕事をするときには、どちらもイライラすることになるんだそうです。

その話をうかがってから、自分の授業はどちらにすべきか考えるようになりました。いろいろやってみましたが、先に「今日のテーマ」、といった感じで大事なポイントを示しておいて、それから細かく説明していく、頭括型のほうがいいようです。

やはり、今の若い人は、バラエティー的なものに慣れているのかもしれません。

「今でしょ!」の「今」を考えるコラム④

限界を迎えているかもしれない資本主義

2010年のセンター試験の現代文で出題された文章は、資本主義を支えてきた安い労働力を提供する市場が、世界中からなくなってしまったという内容でした。つまり、資本主義が曲がり角を迎えているということを受験生に伝える内容だったのです。

センター試験という日本で一番多くの受験生が受ける試験において、こういう文章が出題されたのは、資本主義は限界を迎えている、破綻は近いという警告を専門家たちが繰り返すようになったことと無関係ではありません。

資本主義は拡大生産を続けなければ倒れてしまう制度です。走るのをやめたとたんに倒れてしまう自転車というよりも、かつて『スピード』という映画に出てきた、いったんある速度で走ってしまったら、その速度よりも遅くなると爆発するバスにより似ているような気がします。先進諸国の人口停滞が明らかななかで、それでも数字だけを動かしてごまかしていたのがどうにもならなくなったのがリーマン・ショックです。

また、グローバリゼーションの掛け声のもと、世界の結びつきは確かに緊密なものになってきました。しかし、それは、全世界が手をつないで空中を綱渡りしているような状況を招いてしまったのです。もし、誰か1人が足を踏み外して落ちてしまえば、残りの人まで一緒に落ちかねない、だから何とか支えようとはするが、どこまで持ちこたえられるか――。今落ちかかっているのは、かつての地中海世界の覇者、ギリシアです。

さらに最近では、貿易立国を自称していた日本は、いつの間にか赤字に転落していました。日本を代表すると言ってもよい大企業が、軒並み赤字決算を発表するだけでなく、海外市場からの撤退を発表する企業も増えています。そういえば、ロックフェラー・センターを日本人が買ったこともあったんですよね。しかも今から、ほんの20数年ほど前に。

加えて少子高齢化が世界でも類を見ないスピードで進んでいます。先日の発表によれば、50年後には人口が6千万にまで減って、しかもそのうちの4割を高齢者が占めることになると――。今生徒を見ると、その背中に何人もの老人を背負っているように見えてしまいます。こういう暗いニュースばかりが届くなかで、ただ絶望するしかないのでしょうか？

これらの絶望は、すべて今の枠組から見た「絶望」にすぎません。資本主義が確かにある種の曲がり角を迎えていると思います。専門家の言うように限界なのかもしれません。しかし、資本主義はまだ生まれて500年にも満たないような制度です。長い人間の歴史のほんの一部を構成するだけで、それなしにやってきた時代のほうがうんと長いのです。

また、人口減にしても、いったんは1億2千万に合わせたシステムができたというだけで、それが適切な人数だという証明は誰にもできていません。実際、江戸時代の人口3千万人に満たなかったと言われています。人口が減る局面において衝撃がないとは言わないものの、新たな均衡点を見出す可能性はないと言い切ることもできないのです。日本人はどうも消極的ですが、移民を受け入れるという手だってあるのです。

加えて今の老人にはお元気な方が多いのも事実です。年配者を積極的に採用している「モス・バーガー」でキビキビ働く年配の方（勝手に「モス・ばあさん」と呼んでいます、ごめんなさい）は、学生のバイトよりもむしろ、安心感があります。

要するに、今までの価値観にがんじがらめに縛られてしまった私たちが、将来が見えないからと言って、本当に未来が暗いかどうかなんて誰にもわからないのです。自分の判断基準をリセットすべきことは、次ページから1章を割いて述べているところです。

夜明け前が一番暗い、そして明けない夜はない――言い尽くされた言葉です。一番恐れなければならないのは、いたずらに恐怖をあおって自らを絶望に陥れることです。

「絶望は愚者の結論なり」――イギリスのディズレーリがかつて言ったとおりです。

たしかに、少し冷たい風が吹いているにしても、顔を上げて歩んでいきましょう。

第5章

自分の判断基準を一度リセット

――できないことはできる人に任せる

「こだわり」のバランス

人は自分の判断基準に従って生きています。「こだわり」があるという言葉は、自分の判断基準を譲らない、という意味です。しかし、あまりにも「こだわり」が多すぎると、自分の世界を小さく閉じてしまうことになります。本当の「大物」は、実にこだわりが少ないものです。相手の判断基準に合わせて自在に立ち回る自信があるからです。

したがって、**「こだわり」の多さは「小ささ」の証明、**と言えるのです。

本当は、「こだわる」必要のあることは少ないのです。「こだわり」のネクタイ、「こだわり」のストラップ、「こだわり」の時計などは、たいてい代わりのもので何とかなります。

しかし、そうは言っても「こだわり」が捨てられないのもまた人間です。結局、どこまで自分の判断基準を固持し、どこからは人の判断基準に委ねるかというバランスこそが一番大切になります。そのバランスのよさをラーメン屋さんのポスターから感じるのです。

有名ラーメン店が1か所に集まってラーメン展などが行われるときの宣伝用ポスターをちょっと想像してください。店主たちが、みな腕組みしている写真が思い浮かぶのではないですか？

テレビなどでよく、ラーメン屋さんは自分の店の味の「こだわり」を強調します。「こだわりラーメン」なるものまであります。なのに、ポスターの写真のポーズには「こだわり」がないようで、ほとんどの人がちょっとななめに立って腕組みをしているのです。味に「こだわり」があるなら、ポーズにもこだわれよ、と一瞬突っ込みを入れたくもなりますが、これでいいのです。

今や、みんなの頭のなかに、「ラーメン屋さんは腕組みしている」というイメージがすり込まれています。ですから、腕組みしている写真を見たときに、「あっ、ラーメン屋さんだ」、とすぐにわかるのです。腕組みはラーメン屋さんの「記号」なのです。

ポスターを作るのは、広告屋さんの仕事です。どういう宣伝が一番いいか、よく伝わるのかを考えて選んだのが、腕組みという「記号」です。ラーメン屋さんがそれに従うのは実に正しい判断です。自分のラーメンの味にだけ「こだわり」をもっていればいいのです。

このバランスです。**自分の仕事の「核」となるところだけには「こだわり」をもって、あとは専門家＝「プロ」に任せてしまう**、これが大切なのです。

僕の場合、最近ちょこちょこテレビに出演させていただく機会も増えましたが、撮影のときにはとんでもない数のＮＧを出しています。何とかＯＫをもらうまでやり直すのですが、ＯＫは出ても自分の感触がイマイチというときもあります。そんなとき、一度、

「今ので本当に大丈夫ですか？　僕は何回やってもかまいませんが……」

と言ってしまいました。すると、ディレクターの方がほほ笑みながら、こうおっしゃったのです。

「われわれはプロですよ。**そのプロが大丈夫と言っているんですから、大丈夫です**。安心してください。次に行きましょう」

そりゃそうだよな――心底そう思いました。「プロ」がいいと言った以上はいいに決まっているんです。いくら収録が遅れていても、その番組の出来は彼らの評価になるんですから、ダメなものをいいとは言わないんです。

結局、僕は**プロに対する敬意を欠いていた**のです。セリフがうまく言えないこと以上に、そのことを恥ずかしく思いました。

あとでオンエアを見たところ、自分の想像をはるかに超える出来のよさでした。これがプロの編集能力なのか――改めて驚嘆しました。

「こだわり」はなるべく少ないほうがいいのであり、自分の「こだわり」を押し通すこと

は、「プロ」へのリスペクトを欠くことにもなりかねない、まずこのことを認識してください。

さて、先ほど、ネクタイへの「こだわり」について少し触れました。一般に自分のファッションへのこだわりを持っている人も多いので、そのことについて触れておきましょう。

根本的な問題は、あなたの衣服を見ているのは誰かということです。衣服がただ防寒や肉体を傷つけないためのものなら、機能性だけを考えればいいのです。実際、原始人はそうだったでしょう。しかし、現代社会においては、衣服はあなたの印象を形成する重要な要素です。あなたはいったい日に何度、自分の全身像を鏡で確認しますか？　ふつうは、あなたの衣服を、他人のほうがずっとよく見ているのです。

結局、自分を見て「いいね」という他人の様子を見て、自分も「いいんだな」と満足しているし、また満足すべきなんです。たとえば、あなたは、人があなたの顔を見て驚いたときに、「なにか顔についている？」と、他人から跳ね返ってきた反応で、自分を理解します。同じように、**満足も他人に反射させて手に入れればよい**のです。実際、人に「カッコいいね」と言われるような洋服は、たいてい好きになるものですよ。もちろん、あなたがデザイナーか何かで、そこが仕事の核だ、というのであれば、話は別ですがね。

最後まで譲れない「こだわり」とは？

自分の仕事の「核」の部分においては「こだわり」をもってもいいと述べました。しかし、時にはそれすら捨てたほうがよい場合があります。

僕の場合、授業の進め方、教材の構成などに関して、長年のキャリアで培われたそういう「こだわり」があります。しかし、スタッフの大学生に「先生こうしたほうがいいんじゃないですか？」と言われて、なるほどそうか、と思って改善することは決して珍しくはないのです。

彼らもまた、僕がそういう態度を取ることをよく知っているので、思ったことを素直に言ってくれます。こだわりのラーメンを出しているラーメン店の店主だって、お客さんの声も聞きながら、少しずつ味を変えることだってあるでしょう。

これは、主体性がないこととは少し違います。

自分の世界を他人に大きく開くことで自分の世界を大きく広げていくことなのです。僕は「こだわり」がないのではありません。

仕事に対しての絶対的な自信があるからこそ、たとえそれが若い大学生であっても、素直に耳を傾けることができるんです。

それだけでなく、僕がやっておきましょうか？　と言ってくれるような場合には、全面的に任せてしまいます。自分の判断基準が認められた場合、人は気持ちよく動いてくれるものです。任せる範囲だけは間違えないように慎重に判断します。その後は、細かいことは一切言いません。最後に責任だけ取ればいいんです。

誰の意見を、どう聞き、誰に、どう任せるか――最後まで、こだわるべきはここだけです。結局、「こだわり」とはモノに対して持つものではなく、**人に対して持つものだ**、ということなのです。自分が信頼している優秀なスタッフがせっかくアドバイスを贈ってくれるのです。これを聞かない手はありません。

では、信頼できないような、あるいは能力に疑問を持つ人からの提案は、聞かなくていいのでしょうか？　僕も以前は即座にはねつけていました。しかし、今ではいったんは受け止めるようにしています。

孔子は「六十にして耳順《したが》う」と言いましたが、僕の場合「耳順う」というよりも、「いや」と言うことで失うものを恐れている、といったほうが適切でしょう。

世のなかには、「いや」と否定的に答えることがなかば癖になっているような人がいます。これは実に、危険というか、もったいない話です。

たしかに、まったく不要なアドバイスは数多く存在します。でも、あいつは人の言うことを聞かないやつだから、という評価が定着してしまうと、誰も何も言ってくれなくなってしまいます。**いつも「いや」と言っていると、いいアドバイスが来る流れまでも断ち切ることになりかねない**のです。

ここはひとつ大人になって、よほど理不尽なことではない限り、**いったんは「なるほど」と受けとめる習慣をつけましょう**。あとから否定するのは簡単なんですから。

「なるほど」と受けとめるということは、人の話を謙虚に受けとめるというごく当たり前のことでもあります。この基本が崩れていると、本当にいいことを言ってくれても、その言葉が耳に入らなくなってしまいます。

先に僕は、仕事に自信があるからこそ人の話に耳を傾けられると書きました。この自信は、実は、こうやって人の言葉を謙虚に受けとめ、仕事そのものに対しても謙虚に、誠実に向き合うなかで着実に成果を手に入れ、その結果として得られたものなのです。

人にも仕事にも正面から謙虚に向き合って自信を手に入れ、その自信に支えられて、人に大胆に任せられるようにもなっていくのです。

そうは言っても、失敗を避けることはできません。自分が信じて任せた人に大きく裏切られることも必ず起きます。しかし、それも必要な体験です。授業料だと思って諦めましょう。そのうえで、人のせいにするのではなく、人に対する自分の判断基準の、どこに問題があったのかを徹底的に反省して、今度は高い授業料を払わなくて済むようにしていくのです。

失敗を重ねつつ、**人を見る眼を養っていく**、ということなんです。人は、人を見る眼を養うために社会的キャリアを積んでいるようなものです。

あなたが、職人で自分の技術だけを磨けばいいというのであれば、話は別です。しかし、普通の企業で働いているような場合、上の立場になればなるほど、誰に、何をやらせるかという判断能力そのものがその人の能力です。

人間が1人でできることなど、本当にわずかです。それでも大きなことをなしうるのは、人を見る眼があって、人の話を受け入れ、また人に任せることができるからです。人の上に立ったときに必要な能力だからこそ、時には授業料を払ってでも身につけていかねばならないのです。

遠ざけるべき人や考え方

たいていの人の話は、聞くべき価値があります。しかし、それでも遠ざけるべき人や考え方についてアドバイスを贈っておきましょう。

「ワリィ、ワリィ」

この言葉を連発するような人とのかかわりは慎重に行うべきです。断ち切ってしまったほうがいい場合も多いですね。

真剣に仕事をしている人はこの言葉をあまり使いません。不真面目かつ人間関係にルーズな、つまりはなれあって生きている人がよく使う言葉なのです。ですから、あなた自身が使ってしまったときは大反省です。「ワリィ、ワリィ」はなれあいのキーワード、そう肝に銘じてください。

「そんなの損じゃない？」

この言葉も、身銭を切ったり、金銭的な得にならないことをやろうとすると、よく聞きます。物事を損得で考える人は、本当に多いんですよ。しかし、僕はこう考えます。

「できるんだから、やっておけばよい」

と。本当に損か得かなんて、何十年もたってからわかることもあるんです。今の判断基準に「こだわる」必要もないでしょう。やれるなら、やっておけばいいんです。

もう1つ言えることは、そういうときに断ると結局は無駄な時を過ごして、こんなことならやっておけばよかったと後悔することが意外に多いのです。流れを無視したせいかな、と反省することにもなります。

また、身銭を切ることには賛否両論ありますので、どうしてもとは言いません。ただ、僕自身は自分に払うことができて、しかもそれで人が喜ぶなら払っておけ、と考えることが多いですね。特に額が大きいときは、**「この金を払うと、死ぬときに財産がマイナスになるだろうか？」**と考えます。どうせあの世にお金は持っていけないんですから、なら使っておけという究極の逆算です。莫大な財産を子どもには一切残さないと宣言して寄付を続けるジャッキー・チェンではないですが、人格、人間性、感性、教養——親が本当に子どもに備えさせるべきは、そういうお金では買えないものではありませんか？

「そんなの損じゃない？」は、今の判断基準にとらわれていることを証明するキーワードです。それを使う人のこと以上に、自分が使わないように十分注意しましょう。

プレゼントにおける判断基準

相手が本当に喜んでくれるプレゼントを贈ることは非常に難しいことです。モノがあふれかえっている時代であり、何をもらっても嬉しいという人はそれほど多くありません。「お金」をもらって喜ばない人はまずいないので、プレゼントはすべて現金にしたいのですが、そういうわけにもいきません。

僕自身は人に何かをもらうのがあまり好きではありません。まず、気の利いたお返しをしなければとプレッシャーを感じるからです。さらに、ほしいモノがあまりないので、自動的に気に入るモノもあまりないからです。

それでも、本当にごくたまに、「あっ、これはいいな」と思うこともあります。長年の経験で言えることは、**プレゼントの魅力は、その人自身の魅力に完全に比例する**、ということです。これを僕は以下のように考えています。

たとえば、素敵だなと多くの人に思われるような女性は、過去に数多くのプレゼントをもらってきた経験をもつ確率が高いものです。それは不要なものをたくさんもらってきたということでもあります。ですから、**本当にほしいものを贈る難しさをよく知っています**。そのうえ、自分を魅力的に見せるすべを心得ているということは、自分をしっかり観察しているからで、それを他人にも適用できます。こういう事情で、相手の基準に合わせたプレゼントを慎重に選ぶことができるのです。

一方、そうではない人の場合、今の事情がすべて逆転していることが多いのです。相手をよく見て贈るというよりも、「ハイこれが私のお気に入り」と、自分の判断基準を相手に押し付けるようなケースに驚くほど多く出会ってきました。せっかく大切なお金を使って、好意からしたことが、相手に喜ばれないようでは悲劇です。

ところが、本人はプレゼントをあげたこと自体に満足しているから構わないという場合さえあるのです。でも、これは本末転倒です。あくまでも相手の満足を、笑顔を目的とすべきで、あげたという自己満足をそれに優先させるべきではありません。

プレゼントは本当に難しいのです。そのことを深く頭に刻み込んで、くれぐれも「こだわり」を押し付け、あげた自分に満足などという事態にはならないようにしたいものです。

現代的な適性分類とユニットの結成

人を信頼して任せると言っても、適性の問題もあります。自分と相手の適性を見極め、その人の得意な分野はその人の判断基準に任せるようにするわけです。そのうえで、互いの能力を補完しあうような人が集まれば、強力なユニットができあがります。

かつての歴史小説をみると、こういうユニットが非常にうまく構成されていることがわかります。

たとえば『三国志』において、全体を統率する能力が高い劉備を長として、戦略面は諸葛亮（孔明）が、軍事面を関羽や張飛が担当して、全体として強力なユニットを作り上げました。

現代社会における、特にオフィスでのユニットづくりに役立つ、適性に基づく分類をお教えしましょう。僕はスタッフなども、まず、以下の3つにカテゴライズして、そのうえでユニットを作るようにしています。

①ワード型

物事を論理的に考え、言語能力が高いのが特徴です。逆に理屈っぽい、という欠点もあります。理詰めで物事をきっちり構築していくのは得意ですが、感覚的に物事をとらえることが苦手なので、ビジュアル的なイメージをうまく表現することができない場合も多く、ますます言葉で伝えようとします。もともと、音楽や美術は苦手という人も多いですね。

②パワポ型

感覚的にイメージを作り上げるのが上手で、その表現にも長けています。すぐれた空間感覚をもち、絵がうまい人が多いのが特徴です。反面、イメージは湧くが、それをうまく説明できないという、場面もよく見かけます。テレビの世界の方と一緒に仕事をしていて、このタイプが多いことに気づきました。ビジュアル的なイメージを作り上げる仕事をしているうちにそうなったというよりも、そういう適性を持った人がこういう仕事をしているということではないかと思います。

③エクセル型

とにかく数字に強く、実務処理に長けたタイプです。情報処理が得意というよりも、処理しやすい情報に変換するのが上手で、それを一気に片づけてしまうというタイプです。

反面、クリエイティブな面に若干欠けるところがあって、プランそのものを考えるのは苦手なようですが、いざ実行となった際には、的確かつスピーディーな行動力を示します。

もちろん、すべての人にそれぞれの要素があるのですが、実際に聞いてみると、ほとんどの人が自分をどれかのタイプに分類します。そうやって、自分のタイプを認識することがまず第一歩です。

パワポ型の人がワード型の人と組むと、理論的裏づけを与えながら、イメージを具体化できて、優良なソフトを作ることができます。しかし、この2人だけだとソフトがソフトのままで終わってしまいかねません。ここにエクセル型が加わって予算その他の現実的な問題の対処が素早く行われることで、このユニットが実際に機能し始めるのです。

僕自身は、ワード型だという自覚があるので、ユニットを組む際、あるいはユニットまでいかない場合でもパワポ型、エクセル型の人に協力するようにしてもらっています。自分ではとても思いつかないようなアドバイスをもらって、本当に助かります。根本の頭の使い方が違うなあ、と思うこともしばしばです。

さらに情報処理に関しては、次の2つのタイプも意識しておいたほうがいいでしょう。

④インターネット型

非常に高い情報処理能力を持ちます。情報過剰と言われる現代においては、ただ集めるだけなら誰だってできます。本当に必要なのは不要な情報を的確に遮断して、必要なものだけをピックアップする能力です。この能力に欠ける人に情報収集を依頼すると、量だけは多くて、まったく使えないということが頻繁に起きます。

⑤アウトルック型

インターネット型のような概括的な情報処理はあまり得意ではないが、ピンポイントで綿密なコミュニケーションを図るのは得意というタイプです。すでにスクリーニングを経た情報を、丁寧に管理できるタイプと言ってもいいでしょう。

エクセル型の人は、ネット型であることが多く、ワード型の人はアウトルック型であることも多いですね。

繰り返しますが、人が1人でやれることなど知れています。そのために自己の判断基準を極小化して、どうやって他者に任せていけばよいのかをスムーズに行うための類型化を以上のように示しました。自分を知り、他者を知ってより豊かな成果を手にしてください。

成功は失敗の母？

人は過去の成功体験をどうしても引きずりがちです。そのせいで失敗するという、「成功が失敗の母」となるケースも実は多いのです。なぜそんなことが起きるのか？

まずは、僕の体験に基づくお話をしましょう。

少子化の進む現在、私立高校、特に女子高のなかには生徒募集に苦しみ経営不振に陥っている学校が少なくありません。当然何らかの打開策が講じられることになります。女子高のなかで共学化が進んでいるのもこうした事情によるものです。また、かつては有力選手を集めてスポーツを強化するという手法もよく用いられたものでした。

僕が関係したその学校では、全員が留学する特別コースを設置して、英語力を強化して進学実績を上げることで、状況の打開を図ろうとしていました。さまざまな課外指導を行い、特に莫大な学習時間が英語に充てられました。それが功を奏して数年の間に、実績は劇的に改善したのです。

留学経験で培われた英語力は入試において強力な武器となって、難関私立大学に一定数の合格者を出せるようになったのです。それにつれて、入学者のレベルも上がったことで、学校側はさらなるランクアップを目指しました。つまり、難関国立大にも多数の合格者を出そうとしたのです。

僕は、うまくいかないだろうと思いました。なぜなら、難関国立大の生徒は、そんなふうに英語を勉強していないからです。その代わり、数学ほかの科目をもっとバランスよくやっています。さらに言うなら、英語力強化のために役立った1年の留学期間は、他の科目にはマイナスにしか作用しないのです。

それだけではありません。これが一番大きいのですが、勉強法そのものが英語的になってしまっていたのです。与えられた教材を暗記し、その確認を繰り返すという、かなり受動的な学習姿勢が身についていたのです。数学のように、自分で考える時間こそが大切という科目は、このような姿勢ではなかなかできるようになりません。

しかし、こういう英語中心の、英語的な勉強法は、少なくとも有名私立大学合格には適した勉強法であったことは間違いありません。ただ、その成功体験に基づき、国立大を目指して一挙に増える他科目の学習を、同様のやり方でこなそうとしても、これはうまくいかないのです。

つまり、留学そのものを見直し、根本的な学習法を見直すという、質的転換が必要だったのです。一番の武器であった英語の学習を減らす必要もあったのです。しかし、それは武器を失いかねない、いわば自己否定を伴う転換ですから、そうたやすくできることではありません。

「今までうまくやってきたんだ」という成功体験は、強烈なものです。自己否定を伴うような転換ができるわけがありません。その結果、難関国立大への合格は思うようにはならず、科目数を増やしたことで私立大への対応も中途半端になるという結果を招いたのです。

歴史は繰り返すか否か？　論議のあるところでありますが、僕はこう考えています。まず、連続的にとらえることができる局面においてはある程度繰り返す、と。先の例で言えば、中堅私立大→難関私立大へのターゲットの変化は、同じ原則に基づく対応が可能です。手法を換えずに、量的な増加を図ることで、成功は繰り返されます。

しかし、物事は連続的に変化しているようで、ときに不連続の瞬間を含むものです。この不連続点を超えてしまうと、過去の成功原則が急に通じなくなってしまうのです。

ターゲットが私立大から、国立大に変わるという変化は実は不連続だという認識を持つべきだったのです。だから根本的な原則転換、少し前の流行語で言うなら構造改革が求められていたのです。

企業活動に即して言えば、たとえば同じエリア内における出店拡大の場合は、連続的にとらえて同じ手法が通じることも多いでしょう。しかし、関東から関西へ進出などという場合には、過去のやり方にこだわっているとうまくいかないということも起こりえます。ましてや、異業種参入の場合には過去の判断基準を完全にリセットすべき場合だって珍しくないのです。

成功は喜びを伴い、強烈に記憶に刻まれます。それが次に生かせるかどうかは、そこに連続性があるかどうかで判断を変えるべきなのです。その認識を誤ると、「成功は失敗の母」となり、しかもかつて成功したという自信は、失敗を大きくしてしまいます。

このような失敗を防ぐためには、**自分の判断基準をいったんリセットして、新たな局面における専門家の意見を謙虚に聞くこと**です。先の学校の例で言えば、国立難関大に多数の合格者を出しているような高校の学習内容を徹底的に研究すべきでした。そうすれば、従来の自分たちの学習指導との質的な違いが認識できたかもしれないのです。

連続・不連続の認識は本当に大切です。これはこういった社会的な活動にとどまらず、個人的な生活の領域においても、重要な認識です。

悪口を糧にするスキルを身につけよう

大学に入った最初の合コンのことは今でもたまに思い出します。とても素敵な子がいてガンガンいったんですが、あとから女の子たちに「あんなデブとは付き合えないよね」と言われていたようで、僕の東京デビューは悲惨な結果に終わったわけです。しかし、そのとき「ヒドイことを言うなぁ」とはまったく思いませんでしたね。「たしかにデブだもんなぁ」（１００kg超えてました）と、妙に納得していたことを今でも覚えています。

なるほど、女の子はデブが嫌いなんだと身をもって教えられた瞬間でもありました。もちろんそうではない女の子だっているでしょうが、こっちだって外見で選んでいるのだから、文句は言えません。

でも、進むべき方向がわかったんですからあとはやるかどうかです。前期の終わりには70kgくらいまで落として、そこからは楽しいキャンパスライフを送ることができたのですから、僕は今でもその言葉には感謝しています。

チベットのサキャは、その格言集で「この世のなかは悪口で望みが叶うことはない」と述べました。しかし、残念ながらこの世から悪口が消えることがないどころか、むしろ増えているさまをネットからも見ることができます。そうである以上、悪口に対応するスキルをアップすることもまた重要なのです。

直接か間接かを問わず、自分に向けられた悪口に正面から向き合うのは強い心が必要です。でも、すでに言われてしまった、そういう言語が世に存在したという事実はもうどうにもならないのです。一瞬は心が折れたとしても、歯を食いしばって、正面から見据えてください。そうすると次のどちらかかがわかるはずです。

①事実を述べているのだが、言い方に悪意が込められている

②そもそも事実に基づいていない内容を、悪意を伴って述べている

さっきの「あんなデブ」は①の例です。事実である以上、その事実がなくならない限りはいつまでも言語化されるリスクを負うわけです。言われたくなければ事実を変えるしかありません。僕の場合も70kgになったら、誰も「あんなデブ」とは言わなくなりました。それでも「この元デブ！」と言われたときには、その工夫に思わず笑ってしまいました。

ただ、事実であっても、本人の努力でどうにもならないようなことは絶対に言うべきではありません。そういう悪口に出会った場合には、哀しい人だなあ、とむしろ憐れみ、自分が同じことをしないよう自戒すべきです。

問題は②であり、こちらのほうが圧倒的に多いのです。僕に向かって、たとえば、「ドロボー！」と言った人間がいたとしましょう。僕は今まで一度も泥棒をしたことがありませんから、「はて、たぶん人違いだと思いますよ」これで終わりです。しかし、ここで次のように考えを広げることは可能です。

僕のように泥棒をやったことがない人間に対して、様々な表現があるなかで、わざわざこの言葉を選んだというのは、本人はやったことがあって、罪悪感を抱いているからなのではないだろうか？　と。実は、悪口を完全に捏造《ねつぞう》するのは非常に困難であり、②のような事実に基づかない悪口は自分の情報を相手に与えることになってしまうのです。そして、「この世の中は悪口で望みが叶うことはない」のですから、聡明な人が悪口を言わない理由はもう、おわかりですよね。

まとめましょう。①のような悪口は、相手を成長させる栄養剤になりかねません。嫌いな相手に言うのは、ちょっともったいないですよね。僕自身、ネットでいろいろ書かれていますが、だいたいが②であり、法的措置を講じるほどのものでもないので放置していますす。それはちょっと違うなあ、とニヤニヤしながら見ているのですが、そんななかで1つだけ「そういう不満があるのか！」と、いいヒントになるものがありました。自分ではまったく気づかなかったヒントをもらったような気がして、さっそく授業に生かしました。

講義後のアンケートでも、不満や不服をぜひ書いてくれるように、と生徒にお願いしているのも、まだまだ成長したいからです。

また②の場合には、悪口を言った相手を冷静に分析する手がかりにしたいものです。もし妬みから言っているなと感じたら、相手のいわば「妬み方」がわかったわけです。それによって、今後に向けてよりよい対処も可能になります。むやみに心を折ることなく、仮にいったんは折れても立ち直って、敵の様子を探りましょう。

悪口はこうやって、自分を成長させ相手の状況を知る絶好のツールです。それに対して、自分に対して無関心である人こそが、一切の手がかりも与えてくれない、本当の敵なのかもしれません。無関心であるということは、ゼロの関係だということです。**ゼロからは何も生まれないのです**。一方で悪口を言われるような**マイナスの関係からは、プラスの成果を得ることが可能なのです**。本当の敵を見誤ることなく、この厳しい時代を生き抜くスキルをアップしていってください。こうやって、悪口の本質に気づいて、悪口を言わない聡明な人が増えれば、本当にいい世のなかになるんですが、そうもいかないでしょうねぇ。

「今でしょ！」の「今」を考えるコラム⑤

ダイエットも今日から！　マイ・ジョギング・コースをもとう

「ダイエットは明日から」などとよく言いますが、いやいや、やはりこれも「今日から」でしょう！

受験時代に食べまくって人生初の１００kgの大台を突破してしまった僕は、先にも書いたように大学に入って最初の合コンで「あんなデブ」という洗礼を受け、すぐにダイエットを思い立ち、まずはジョギングを始めました。その甲斐もあって、夏には70kgくらいまで落とせたのですが、今回はそのジョギングの話です。

しばらくして気づいたことは、快適に走れるコースを作り上げるのは意外と難しいということです。１周走ると１kmから２kmくらいで、しかも信号がないのが理想的なんです。１周があまりにも長いと、調子が悪いときに気分がなえてしまいますし、信号で何度も止まらなければならないのもよくありません。もちろん、歩道が狭くて人にぶつかりそうになるとか、車の通行量が多くて、あまりにも空気が汚れているところもダメ。

そうやって考えていくと、自分に合ったジョギング・コースってなかなか見つからないんですよ。

当時、東京の文京区に住んでいたんで、区内をいろいろ走ってみました。自分の走った道を地図に書き込んでいくのが楽しくて、結局、区内の道をほぼすべて走ってしまいました。その結果、お気に入りのコースが見つかったのです。1周2キロ弱で、途中できつい坂が2回入ります。最初は2周も走れなかったのに、慣れてくると5周走っても6周走っても平気になっていきます。最終的には6～7周するのが、日課となりました。

調子がいい時には1周7分半くらい、悪いとこれが9分くらいかかります。同じコースを走り続けることは、自分の体の調子を知るのに非常に都合がよいのです。そして、初めはバテてしまって何も考えられませんでしたが、これも慣れてくると歩いているとき同様に、いいアイデアがいろいろ浮かぶようになり、貴重な思索の時間ともなったのです。走っている間に思いついたことを、戻ってきたときに一気に書けるように、部屋の入り口のところにメモとペンを置くようになりました。

あれから、約30年――。名古屋に引っ越した今でも、年に数度は必ず走ります。東京での仕事の際に、そのコースを走れるようなホテルを選んで宿泊して、走るんです。気分としては、定期テストを受ける学生のようなものです。今日はどのくらいのスピードで、何周走れるかな、と。

距離のほうは、名古屋でもきちんと走っているときは、昔と同じ距離が走れます。ちょっとサボっているときは5周くらいでダウンします。

しかし、スピードのほうは、どうやっても若い頃に戻りません。ときに7分を切ったこともある同じコースを、どうやっても9分を切れなくなっています。

「これが老いだな」

いやでも認めざるをえません。しかし、自分の努力でそれを遅らせることができるのもまた事実です。このコースは自分の老いを知るための、実に貴重なバロメーターになっているのです。

最初に走り始めた理由は、太っていて合コンで女の子に相手にされなかったから、何とかしようという実に不純なものだったのですから、不思議なものです。

今後も、僕は可能な限りこのコースを走り続けると思います。こんなふうに、一生の財産になるのですから、自分を知り、自分と対話するためのマイ・ジョギング・コースを若い人にももってほしいなと思っています。もちろんジョギングではなくても水泳だってかまいません。体力アップも兼ねて、あなたもマイペースで始めてみませんか?

第6章

流れをとらえる眼を備える

——僕自身の人生を振り返りながら

「高い授業料」が教えてくれたこと

ここで言う「高い授業料」とは、ずばり、僕がギャンブルにつぎ込んだお金のことです。いやぁ、本当によく負けました。高校時代から麻雀に明け暮れ、大学に入ってからはそれにパチンコが加わりました。卒業後は、麻雀が減った代わりに毎週末、競馬にいそしむようになりました。さらには、一時、株の仕手戦のようなことにまで手を出したこともあります。振り返るとずっとギャンブルと縁の深い人生を送ってきました。具体的に計算したわけではありませんが、負けた金額は相当な額に達していることでしょう。

「だったら、そんなバカなことをやらなければよかったのに」

「ギャンブルをやる人間は最低だ」

そういうご意見はもっともだと思います。たしかにギャンブルは誉められたことではありません。それどころか、毒そのものと言っていいかもしれません。僕の場合、まず金と時間を失いました。それだけでなく、ギャンブルにうつつを抜かしていると、嘘、言い訳、時間外手数料の3つが増えるんです（笑）。最初の2つのせいで失った恋もあります。

ギャンブルをやらなかったら間違いなく僕の人生は変わっていたでしょう。しかし、よりよい人生を送れていたか？　実はそれもまた疑問だと思っているんです。

なぜなら、ギャンブルを通じて学んだものも、かなり大きいからです。今この仕事を選んで、順調にやってこられているのも、大げさではなくギャンブルを通じて培った感覚によるものだと思っています。それを考えると、あのお金は授業料だったんだな、と。

現にこうやってなんとか暮らせているんですしね。もちろん、世のなかにはギャンブルで身を持ち崩して、果ては犯罪にまで走る人もいるのですから、軽々しく勧めようとは思っていません。しかし、そのなかから得られるものも確実にあり、上手に付き合っていけば様々な人間の能力を高めるのに役立つものでもあります。毒にも薬にもなる酒とよく似ています。それに、古代からずっと人間の歴史とともに存在してきたものでもあるのです。

僕がギャンブルから学んだのは、**「流れをとらえる眼」**と**「縦の勝負と横の勝負の感覚」**。この2つです。こういう感覚を、ギャンブルなどせずとも身につけたという聡明な方にとっては、以下の内容は無用の長物です。しかし、今の日本の、特に**若い人の様子を見ていて、この手の感覚の欠如を感じる**のも事実なのです。そこで、あえてこの章を設けました。

結果として、僕自身の就職後の人生の歩みも晒《さら》していますから、読んでみてください。

「流れ」をとらえる眼

麻雀や競馬をやっていると、理屈では説明できないような、勝負の「流れ」というものを感じる瞬間があります。今日は流れがいいぞとか、何か流れが悪いな、といった感じです。「空気を読む」ということに似ていなくもありませんが、それがその場一瞬のものであるのに対して、もっと時間的な経過を伴うものです。

そんなの僕は信じないよ、そう言い張る人もいることでしょう。しかし、実際に麻雀を打てばわかるのですが、確率的には起こりえないといってもいいような偶然や偏りが、ごく普通に起きるのです。麻雀を打つ人は、そういう流れを感じ、その流れを自らに引き寄せようとさまざまな工夫を施すのです。

僕は、よく言えば理論派ですが、悪く言えば、左脳型の理屈コキの、頭でっかちな人間です。超常現象や非科学的なことはあまり信じていません。しかし、それを否定することもありません。そもそも可視領域や可聴領域があまりにも狭い人間が、この世のなかで起きている現象のすべてをとらえられるはずがないんです。ですから、人間には説明できないものがないと言い切ってしまうのはとても乱暴な話です。そう、人間くらい見える範囲と聞こえる範囲の少ない動物はあまりいないのではないでしょうか？

流れなんて信じない、そう一蹴することは簡単です。しかし、こういう人間の生物的限界を認識すれば、見えないから、あるいは聞こえないものは存在しない、と言い切ってしまうことも実は乱暴なのです。

「心で見なくちゃ、ものごとはよく見えないってことさ。かんじんなことは、目に見えないんだよ」

『星の王子さま』のなかのあまりにも有名なセリフです。このセリフをキツネに言わせたところに、作者サン＝テグジュペリの深い人間洞察力を感じます。人間に見えないだけで、もしかしたら**キツネには見えていたのかもしれない**んです。心眼という言葉もあるように、心で見ればもっといろいろなことが見えてくると思います。

その1つが流れだ、僕はそう思っています。流れは眼に見えるものではありません。心で見て、心で感じるものなのです。

いい流れが来たらどうするか？

心で感じる流れはいいとき、悪いときがはっきり分かれます。いい流れが来ている、そう思ったときは、決して浮かれることなく、それでも大胆に攻勢に出ることが大切です。そもそも**いい流れなんて、めったに来ることはない**んですから、それに乗り切れないようでは成功は望めません。しかし、どんなに流れがよくても、永遠に続くことがないのもまた事実です。**必ず流れは変わる**のです。その変わり目もとらえねばなりません。

そのことを教えてくれるのもギャンブルです。ギャンブルの場合は、多くは自分のミスで流れを手放してしまうことが多いのですが、自分とは関係なく変わる場合もあります。

朝から競馬をやっていて、今日はついているなぁ、よし、ここは勝負だ！　と、大金を賭けたレースで、自分の狙った馬の騎手が、スタートした途端に、ゴロンと落ちてしまった――、長く競馬をやっている人間なら、ある確率で起きることであることだとわかっていますから、あっ、流れが変わったと、潔い人ならそのまま家に帰ってしまったりもするのです。そんなことが起きたあとは、まず勝てません。その流れで粘っていると、結局は

「オケラ街道」をとぼとぼ歩いて帰るはめになるだけです。

僕が銀行に入ったのは1989年です。その年の12月に日経平均が史上最高値を付けたのですから、バブルの絶頂期といってよいでしょう。なにしろ、入って3か月でろくに仕事もできない新入社員の僕の賞与が30万以上あったのですから、どれだけいい時代だったかがわかると思います。全体に浮かれ切ったムードに満ちていました。

でも、僕の違和感は、日に日に増していくばかりでした。何か違う——。いろいろデータを調べ、本を読みあさりました。何も確証は得られなかったのに、妙な確信を得ました。遠からず、流れは変わるだろう、と。

何人かにその話をしましたが、誰も取り合ってくれませんでした。そりゃそうですよね。ちょっと経済学をかじったような新入社員の話なんて、何の権威もないんですから。しかも、一番の根拠は学問的なものではなく、「勘」というか、僕のそれまでの経験に基づいた、流れに対する感覚なんですから、他人が説得力を感じるわけはなかったのです。

結局、その年の8月には辞めてしまいました。このあたりは見極めが早いんですよ。同期の退社第1号の称号をいただいて退社したあとも、ぐんぐん株価は上昇を続け、ついにその年の12月29日に3万8957円という史上最高値を付けたのです。

流れを見誤ったかな？　多少はそういう思いもありました。しかし、こんなふうに日本中が浮かれていたら、いつか大変なことになる、この銀行だって危ない、その思いのほうがずっと強かったですね。

その後はみなさんご存じのように、バブル崩壊――。もしかしたら、のちに「日本経済最後の輝きだった」と言われかねないあの「いい時代」は幕を閉じたのです。

夜の六本木でタクシーを拾うのに苦労したあの時代に、僕が嫌悪を感じていたのは、一部の人々の浮かれ切った姿です。なにを浮かれているんだ、流れは少しずつ変わり始めているじゃないか、そんなことを言う人に僕はついに出会えませんでした。

その後、98年に僕のいた銀行は倒産しました。僕が流れをとらえる眼をもたず、また自分のその眼を信じて行動することがなければ、みなと同様に浮かれ、そしてまた、みなと一緒に倒産の日を迎えていたと思います。

勝ちっぱなしなんてありえないんです。必ず流れは変わるのです。しかし、流れをとらえる眼をもたない人は、勝利に酔い、自らの正しさを妄信して引くことを知りません。

その結果気づくと、もう引き返すことができなくなっているのです。いい流れが来てい

るときほど、

酔わず、驕らず、浮かれず

という感覚を保持すべきなのです。**勝利の酔い——それこそ敗北の序章**です。さらに言うならば、そうやって酔い、浮かれ、驕り高ぶった人間の姿は実に醜いものなのです。

強気に攻めながらも絶えず自分の足もとを見つめ、流れが変わったと判断した瞬間、たとえ、目標達成の直前であろうが、全面撤退を含む方針変更を大胆に行う決断力、これこそ、特に、この厳しい時代を生きる若いみなさんに身につけてほしい能力です。

「いい流れ」は、魅力的だがとても気まぐれな女性のように、手元にとどめておくことは本当に困難です。しかし、気まぐれなだけにまた必ず訪れてもくれるのです。それをとらえる感覚はギャンブルをしなければ絶対に身につかないとは言いません。

しかし、**ゲームでは養うことはできない**こともまた事実なのです。そうした眼に見えない、理屈にならないものはプログラム化できないんですから。

悪い流れに耐えて

では、逆に悪い流れにあるときは、どうすればいいのでしょうか?

実はこちらのほうが対処は簡単なのです。まずは、じっと耐えるのです。必ず自分に流れが来る、そう信じて耐え抜くのです。決して眼の力を失うことなく、何か変化はないだろうかと鋭く観察しながら、誠実に眼の前の仕事をこなしていくだけです。

この際に絶対にやってはならないことは、諦めてヤケクソになることです。そんなことをしたら、来るはずのいい流れも来なくなってしまいます。悪い流れは、**意外と飽き性だ、**そう信じて耐えるのです、「雌伏」の時間と言っていいでしょう。

いいことも続かないが、悪いことばかりも続かない、そう信じて、**焦らず、腐らず、諦めず**に忍耐強く、機をうかがってください。

予備校講師として、僕自身もそういう時期がありました。というよりも、ずっとそういう時期が続いていました。東進という予備校は野球でいうと巨人やヤンキースのようなところがありましてね。なかにいる人間がコツコツと実績を重ねても、次から次へと業界のトップ講師が引き抜かれてくるんですよ。しかし、そのことはまったく気にもならなかったし、辞めようと思ったことは一度もありませんでした。自分の現代文講師としての適性とスキルに自信はありましたから。**ただ、流れが来ていないだけだ、そしていつか流れは変わる**。強い確信を抱いて、授業内容のさらなる改善だけをあれこれ考えていました。

一方、かけもちで勤めていた大手の某予備校ではそういう引き抜きは一切ありませんでしたが、居心地はむしろ悪かったですね。顔をあわせれば人気講師の悪口を言いあったり、他人の講習の授業数を数え上げて、なんであいつはあんなに多いんだなど、グチャグチャ言いあっているような環境は、僕にはあわないんですよ。そんなことを言っている暇があったら、もっともっと授業準備をしっかりやればいいのに、いったいこの人たちは何をやっているんだろう、そう思うだけでした。

アンケートも教科でトップだったと思いますし、結構な額の給料をもらってもいたんですが、あっさり辞めてしまいました。実は当時、もう一か所出講していたんですが、そちらは経営方針の急な変更により、突如、契約終了となったのです。これは計算外でした。

おかげで収入は激減しました。しかし、不思議なくらい焦りはなかったですね。自分の現代文の講師としてのスキルは落ちているわけでもなければ、そもそも勝てない場所で勝負しているわけでもない、だとしたら、**いつか、いい流れが来る、そのとき動けばいい、**その考えはまったく変わりませんでした。

それで、それまで忙しくて手の回らなかった入試問題研究や教材の再チェックを行い、久々に本もじっくり読みました。収入は激減しましたが、その分時間が手に入ったんですからこれもありかな、と結構楽しんでいたんですよ。そして、何を差し置いてもやっておきたいことがありました。

それは、東大対策の徹底的な見直しです。もともと、東大対策の講座は担当していましたが、どこかで自分の授業内容に不満を感じていました。悪い授業ではないが、傲慢な言い方を許してもらえるなら、「普通の予備校講師」の授業にすぎない、そういう思いがあったのです。

この「普通」では、今の時代絶対にダメなのです。「普通」とは、いつでもほかの人と取り換え可能、そういう評価にすぎません。向いている仕事だと思って、予備校講師を選んだにもかかわらず、そんな「普通」の仕事をしているなんて絶対に許せない、だから何とかしなければ、そういう思いをずっと抱いていたのです。

ようやく手にした時間的余裕のなかで研究に研究を重ね、これならほかの講師が足もとにも及ばない授業ができる、そういう確信を得ることができました。

その年の8月です。「秋から、東大特進に出講しないか？」と突然の打診がありました。いい流れが来た！　素直にそう思いましたね。

「東大特進」とは、僕の勤める東進ハイスクールに設置された、東大だけを志望する生徒を対象に扱う特別コースのことで、東西のトップ校の優秀な生徒たちが集結する場となっています。その特進コースに、その時期、事情があって現代文の講座が設置されていなかったので、もしかしたら僕に声がかかるかもしれないという思いは微《かす》かにはありました。しかし、具体的な話が何かあったわけではありません。

ですから、オファーが来るだろうと見込んで、自分の東大対策の授業の見直しを行ったのではありません。ただ自分のプライドにかけて、自分が納得するためだけに努力を続けたのです。

そして、実際にそれを生かす場を与えられた――これは僕の運のよさだと思っています。しかし、実際にいい流れは来たのです。せっかくやってきたこの流れをつかみそこねたら、もう二度とやってこないかもしれない、そう思って、通常の授業の何倍もの時間をかけ、どんな優秀な生徒でも、なるほどと言わせる授業ができるという自信を携えて講義に向かったのです。

関東で60名程度、関西で30名程度の生徒を相手に始まった特進における僕の授業の受講者は、あれから3年たって、最近では500人を優に超えるようになりました。当時はなかった1、2年生の授業も設置されるようになりましたので、実際に担当する生徒の数は、もっと増えています。

流れが来た、と思って渾身の授業をしたのは事実です。しかし、その前の収入も激減した悪い流れのなかでヤケになっていたら、こういう結果にはならなかったと思います。その後はCMに起用され、それがきっかけでテレビ局から声をかけていただいたり、遂にはこうやって本を出す機会までいただけました。

今、流れが悪いなと思えば、**焦らず、腐らず、諦めず**に状況の変化に眼を利かせながら、自分の仕事を誠実に、できればプライドをもってこなしていくこと、それだけしかないのです。

「勝ち易きに勝つ」道を選べ！

孫子の兵法のことはどなたでもよくご存じですよね？　日本の戦国武将もこよなく愛したこの書の、「形篇」のなかに、「いにしえのいわゆる善く戦う者は、勝ち易きに勝つ者なり」という有名な言葉があります。これはこの厳しい時代には、特に意味をもつ言葉です。

先の項で、悪い流れのなかで焦らず、腐らず、諦めずに耐えていれば、必ずいい流れが来ると書きました。そのこと自体は間違っていないのですが、そもそも流れの来ないような場所、すなわち勝ちにくい場所で勝負をしていたとしたらどうでしょうか？

「大した努力をしなくても勝てる場所で、努力をしなさい」

僕が授業でよく使う言葉です。どの世界にも一流と呼ばれる人がいます。野球のイチロー選手など、スポーツ選手で例をあげていけばきりがないでしょう。こういう人は誰よりも努力し、自己管理も厳しく行って今の地位を維持している、そのことに異存はありません。しかし、最初から、あるいは少しやってみたときに、周りとはひと味違うキラリと光るものをもっていたことがきわめて多いのではないでしょうか？

逆のケースを考えてみましょう。僕は小学校のときに肥満児で足が遅く、運動会の徒競争で6人走れば5位か、6位という子どもでした。そんな子どもだって、努力すればオリンピックに出られるようになる、努力は裏切らない、と言いますか？

人間は万能ではありません。得意なことがあれば不得意なこともあります。楽に成果の出ることと、そうではないことの差ははっきりしています。しかし、それがやりたいことなのかどうかはまた話が別です。だから、話が面倒なのです。

僕は東進には、英語の学習アドバイザーのようなかたちで、バイトとして入りました。英語という科目は「普通」にできるというレベルで、一番好きなのは数学でした。そのことを上の人にアピールし、テストも受けて、その翌年から数学の講師としての正式採用が決まったのです。ところが、その瞬間に、はたと考え込んでしまったのです。

「数学で勝負していくのが本当にベストだろうか？」

と。自分の受験生時代を振り返れば、一番好きで得意な科目は数学でした。しかし、それを仕事として教えていくこととは次元が違います。

僕は法学部を卒業した文系の人間です。ただ、受験においては、理系科目も完璧にやりましたし、「受験数学」と範囲を区切れば、それほど引けを取らないだろうと考えたのです。しかし、大学の数学科で無限の深淵を秘めた数学という世界を専門的に研究してきた連中と戦って、本当に勝ち目があるのだろうか。教えること自体は向いていると思っていましたから、何とかここでやっていきたい、しかし数学でやっていくのがいいのか……。

そっと、周りを見回してみました。ほかにも科目はあるのです。英語、日本史、化学、古文、現代文……。現代文!? これも、好きではないにせよ得意な科目ではありましたし、実際、他の予備校では教えてもいました。そこで、当時爆発的な人気を誇っていた先生の授業をこっそり覗いてみたのです。他の現代文の先生の授業やプリントも調べてみました。

結論は簡単に出ました。相手が軽い！ これなら楽に勝てる、と。まだ戦ってもいないのに、ずいぶん傲慢な結論でしたが、数学の講師としての未来の戦いを想像したときのような苦難はまったく思い浮かばなかったのです。

そこで、数学の講師として採用してくれた上の人に、「僕は、現代文で行きます！」と宣言したのです。「お前は、バカか！」と一喝されました。でも、僕がきちんと説明すると、「じゃあ、1回、公開授業をやってみろ、俺が見ていてやるから」

とチャンスをくれたのです。この方にはいまだに感謝しています。普通なら、「バカか」で終わりですよ。それなのに、授業をする機会とその給料までくれたのですから。

ありとあらゆる知恵を絞って内容を練り、かけもちしていた予備校から生徒を大量に引っ張ってきて満員に仕上げた教室で授業を行いました。あのときの生徒には申し訳ありませんが、明らかにモニターを通して別室で見ている「あの人」のための授業でした。

手応え十分で戻ってきて、僕が「いかがでしたか？」と聞く前に、

「現代文で行こう！　林君は、来年は何曜日が空いているの？」

「できる人」は話が早いんです。こうして現代文講師としてのキャリアが始まりました。

こんなふうに、僕は「勝ち易きに勝つ」道を選んだのです。だからこそ、そのあとの「悪い流れ」のときでもじっと耐えられたと言えます。

やりたい仕事、好きな仕事は誰にだってあるでしょう。僕だって、できれば巨人の、いやヤンキースのエースになってマウンドに立ちたいですよ。でも、小学校のときでさえピッチャーをやらせてもらえなかったような人間が、そんな夢をいつまでも追い続けたところでどうなるのでしょうか？

では、今の仕事がやりたい仕事だったか、と言えば即座に「ＮＯ！」と答えます。しかし一方で、この仕事が、それほど努力しなくても勝てる、つまりは「勝ち易き」仕事であり、そこで誰よりも努力してきたことにも、自信があります。好きなことは、趣味で十分

楽しめばいい、同時にそうも考えています。

やりたい仕事と「勝ち易き」仕事が一致する人は幸せな人です。何も迷うことはないでしょうから。しかし、多くの人はそれがずれるのです。だから苦しむのです。僕の野球くらいできなければ諦めもつきますが、中途半端にできてしまうと一番判断を誤ります。

以上述べたことは1つの考え方であり、「自分の好きなことをやっているんだから、報われなくったって構わない」という考え方を否定するものでもありません。しかし、今、やりたいことは趣味と割り切って、勝ち易き仕事を選ぶという選択のもつ意味はより重くなっていると思います。景気がよい時代と違って、今のように不況が長く続く状況では、それぞれの「勝ち易き」場所以外では生きづらくなっているからです。

今、仕事がうまくいかないなぁという感覚を抱いている人がいれば、本当に自分が「勝ち易き」場所にいるかどうかを考え直すことも、必要なことです。

「幸福の秘訣は自分がやりたいことをするのではなく、自分がやるべきことを好きになることだ」

イギリスの劇作家ジェームズ・バリーのこの言葉は、表現こそ違え、今まで述べてきたことに通じるものがあると思います。

おのれの適性と脚質を知れ！

「勝ち易きに勝つ」ために必要なことをもう少し述べておきましょう。

１２００ｍのレースで圧勝した馬が１４００ｍのレースに出走して惨敗――競馬では、それほど珍しいことではありません。たった２００ｍなのに、と思うんですが、そういうものなんですよ。

でも、それは馬だからであって、人間は違うでしょう？　そういう意見が出そうですね。たしかに、人間は馬とは違います。より柔軟な対応力をもっていると思います。しかし、50年近く生きてきて思うのは、

本当に得意な分野はそんなに多くはない

ということです。逆に言えば、これは勝てるという場所を1つ見つけてしまえば、人生は大きく開けます。今うまくいっている人とは、「僕はこれしかできません、でもこれだけは誰にも負けません」と、胸を張って言える人のことではないでしょうか？

勉強もダメ、運動もダメ、でも誰よりもすごい寿司を握る自信があって、実際に店がお

客さんでいっぱいなら、それでいいのです。また、僕が水商売でうまくいっている女性を尊敬するのも同じ理由です。みんな自分の走るべきレースを見定めて、そこで勝負をしているのです。そこにどうして貴賤《きせん》があるのでしょうか？　罪を犯しているわけでもなく、他人がとやかく言う話ではありません。

僕自身の大学入試の現代文の解き方を教えるという仕事もまた、世の中に無限と言っていいほど存在する仕事の種類のなかのたった1つにすぎません。そもそも大学受験をしない人にはまったく無価値であり、その世界自体も実に狭いものです。そのことを自分でちゃんと認識しています。しかし、大学入試がなくならない限り、この世界は存在し続けるのです。それもまた事実です。

競馬では1200ｍなら絶対に強いという馬がいます。もっと範囲を狭めて、京都競馬場ではまるっきり走らないのに、中山競馬場1200ｍになると別馬のように強い、という馬もいます。それでいいのです。なぜなら、中山競馬場の1200ｍのレースは、今後も確実に施行されるのですから。

それだけではありません。競馬にはいろいろな「脚質」というものがあります。逃げると強い馬、レース中ずっと後方を走っていて、直線になると眼の覚めるような足で飛んでくる馬……。これらは、どういうパターンでレースを進めるのが最もよいのかを、試行錯誤を重ねるなかで見出していくことも多いのです。

では、人間はどうでしょうか？　コツコツと、コンスタントに努力していく人がいます。一方で、一気にやってしまってしばらく休み、また一気にやる、こういうペースがあうという人もいます。僕自身は昔から何をやっても「コツコツ」できない人間です。どうやっても「脚質」は変わりません。時間があると無駄にしてしまって、時間がなくなってくると究極の瞬発力で乗り切る、そんなことをずっと繰り返してきました。

以前は、周囲からヒヤヒヤするから、もう少しコンスタントにやってもらえないか、と言われたこともありましたが、最近はみな諦めたようです。そのかわり、締め切りをこっそり早められるようになりましたが（笑）。

朝型か夜型か、といった話も結局は同じことでしょう。いくら朝型がいいよ、と言われようが、これが自分の「脚質」だと思ったら、変える必要はないのです。

結局、大切なことは、自分の勝てるレースと脚質を見極めることです。それが、

僕はこれしかできません、でもこれでは誰にも負けません

と、胸を張って言うことにつながるのです。

そのためにはいろいろなことにチャレンジするべきです。特に若いうちは仕事も、遊びも山ほどレースに参加してみて、とにかく走ってみることです。勝つこともあれば、負けることもあるでしょう。落馬競走中止、と言えるような状況になることもあるでしょう。

それでいいんです。そうすることで、自分の適性や脚質がわかってきます。そういったものを見出すために、仕事にはもちろん、遊びにも真剣にぶつかっていってください。不真面目にやっていたら、何も得られません。真剣に遊べないような人間ではダメなんです。

あなたがディープインパクトで、馬場も、距離も、展開も不問で勝ってしまうだけの力があると自負しているなら、今まで述べてきたことはまったく意味がありません。そのオールマイティーな底力で、すべてをねじ伏せていってください。もっとも、僕は今まで人間の「ディープインパクト」に出会ったことがありませんが。

負けから学ぶこと、そして時に潔く負けること

そうやって、いろいろなレースに参加していけば、当然負けることも多くなります。したがって、どのように負けるか、さらには負けからいかに学ぶかも大切になるのです。

自分の負けるレースには参加しません、だから僕は負けませんよと、本当に自信をもって言える人は、**数限りなく負けてきた人**なんです。ただ、負けただけではなく、そこから多くのことを学んだ人なんです。連戦連勝で来た人は、その自信もあって、僕は何でも勝てますよ、と言うはずですが、実はこういう人は危ういのです。こういう人に関しては、のちほど説明しましょう。

ギャンブルをやっていると自分の負けパターンが本当によくわかってきます。たとえば予想不十分で、ギリギリに買った馬券はまず外れます。ほかにも、銀行であとから追加でおろした分は全部なくなるとか、パチンコならいろいろな台が気になるようになったらダメだとか様々な自分の負けパターンを自覚しています。

自分の負けパターンを知っている人間は強いものです。こういうときはマズい、修正を

図ろう、あるいは撤退だ、と迅速かつ冷静に判断できますから。

　また、まず外れるだろうと思って買っていることすらあります。そういう予想だけは実に的確で、まずその通りになるのですが、この経験は実は貴重な財産です。いわゆる「オケラ街道」をとぼとぼと歩いていくと、「俺ってバカだなぁ、本当にバカだなぁ」という、反省にもならない、うつろな言葉だけが何度も浮かんでは消えていくのです。顔は少し微《ほ》笑《ほ え》んでいたりしますから、他人から見たら、結構危ない人です。

　しかし、自分はそういう愚かなことをやりかねない人間だという自覚は、人を謙虚にします。**自分の愚かさを自覚しない人間ほど愚かな人間はいません**。最近ではさすがにそんなバカなことはしなくなりましたが、かつてはそういう愚かなこともやらかした人間なんだから、あまり自分を過信しないようにという自戒の念は今でももち合わせています。そして同時に、今同じようなバカなことをする若者に対して寛大にもなれるんですよ。

　潔く負けることもまた重要です。もちろん粘り勝ちという言葉もありますから、いつもあっさり諦めよとは言いませんが、これも流れをとらえる眼がかかわる話です。この流れはもうダメだな、そう判断したときはあっさり負けることが大切です。甲子園の高校野球ではないのですから、次があるはずです。

株式投資はギャンブルではないでしょうが、**長期的に見て儲かっている人は、やはり「損切り」が上手**ですよね。自分が上がると思って買った株の見込みが外れたとき、自分のものの見方が間違っていたんだから責任を取ります、とあっさりと負けを認める、そのことで損害を最小にできるんです。「損切り」のできない人が、少しでも損害を少なくしようと、ますます泥沼にはまっていくのとは対照的です。

しかし、そういう**「損切り」のうまい人だって最初から上手だったわけではありません**。時に痛い目に遭い、敗北から学んできたんです。

僕の知り合いで、株でかなりの財をなした男がこんな面白いことを言っていました。「損切りの感覚は、夜の女性を口説くときに、ひどく役に立つんだよ」

そういうものらしいですよ（笑）。

潔く負けることのさらなるメリットは頭を下げることで、上にいる相手の強さがよくわかることです。では、それを教えていただこうという謙虚な気持ちにも、ごく素直になれます。こういう点で相手のほうが勝っているんだから、自分が負けたのも当然だな、学ばせていただきます、そういう感じです。

うまく負けることは勝つことよりもうんと難しいのです。しかし、そのスキルを上げることは、余裕ある柔軟な対応を可能にもするのです。ただ、負けるには時期の問題があります。あまり年を取ってから負けると、リカバーが不可能になります。ですから、**若いうちに、さんざん負けておくように、自分の負けパターンを頭に叩き込んでおくように**、と言いたいのです。

さて、この項の最初で述べた、「負け方を知らない人の危うさ」についても説明しておきましょう。

本業で順調だった人が、人に勧められて副業に手を出してからおかしくなったという話は珍しくありません。若い頃から本業一筋で、しかも成功してきた、だから、どういうレースに出ると負けるのかがよくわからないままに手を出して、結局はすべてを失うようなことになるのです。さらに言えば、負け方をわかっている人なら、適当なところで、「まあ、授業料だ、仕方がない」と諦めることもできるのに、それもできないんです。

生きていくのが厳しい時代、あえてみなさんには「専門バカ」になりなさいと言いたいくらいです。そのために特に若いみなさんは派手に負けておきなさいとも。

縦の勝負と横の勝負を知る

みなさんは麻雀を打ちますか？　最近の若い人はあまりやらないようですが、僕らの時代にはやるのが当然といった雰囲気で、学生街には何軒もの雀荘があったものです。

麻雀は競馬やパチンコ同様、単なるギャンブルだと思われているようですが、本来は、将棋や囲碁と同じくゲームのカテゴリーに属するものです。この分類ゆえに、麻雀が負のイメージを帯びているのは、本当に残念なことです。僕は純粋なゲームとして、それこそ学校のカリキュラムに組み込んでもいいとさえ思っています（もちろん賭けずに）。

なぜここまで絶賛するのか？　それは生きていくうえで欠かせない、縦の勝負と横の勝負の感覚を身につけるうえで、これ以上ない素材だからです。

麻雀をするにあたって、自分の手牌《てはい》に正面から向き合って手牌を作り上げていくという勝負があります。このとき、視線はまっすぐ対象に向かっており、この視線が、**縦の勝負**における、**縦の視線**です。同時に、同じように縦の勝負をしているほかの3人がどのような状況なのか、ちらちら目を走らせる、**横の視線**を使わねばなりません。この横の視線を用いる勝負こそが、**横の勝負**なのです。

麻雀というゲームはこの両方の視線を一番バランスよく用いなければならないのです。自分の手牌ばかり見ていてもダメだし、相手のことばかり気にして、自分の手牌を伸ばす集中力を失うようでは、絶対に勝てません。視線を機敏に走らせ、相手の微妙な気配まで感じながらゲームを進めていくのです。

ポーカーなんかも同様でしょうが、麻雀のほうが要素も多くて、もう少し複雑だと思います。そして、この麻雀というゲームを通じて、人間性まであらわになってくるのです。負けが込むと愚痴るタイプ、頭に血が上って見境のつかなくなるタイプ、自暴自棄になるタイプなどなど、手に取るようにわかるものです。

大の麻雀好きで知られる阪神の城島捕手の、「投手と（麻雀）卓を囲むことでコミュニケーションを取りたい」という発言を、以前スポーツ新聞で読んだことがありますが、よくわかっているなあ、と思いましたね。ピンチになってビビるタイプなのか、平然と勝負できるのか、そういう見極めは実際の試合におけるリードにおいて役に立つものだからです。この話はどれだけでも広げられるので、話を縦横の視線の話に戻しましょう。

僕自身を振り返ると、結構負けてきましたが、原因は横の勝負に傾きすぎたせいだと思っています。ときには、残り3人がいないかのように、縦の勝負に徹すべきだったのに、それが不十分だったなぁ、と反省しています。

そんな僕とは正反対に、基本的に自分の手牌しか見ていない、つまりは縦の勝負しかしないという人も案外多いものです。こういうタイプは、ツキ始めると止まらないのですが、全体で見るとやはり負けているということになるのです。

では、こういう感覚を身につけることが、どうして必要なのでしょうか？　それは、こういう視線のバランスを理解することは、社会においても同じように重要だからです。

あなたの周りにもいませんか？　決して悪い人ではないんだけど、周囲ばかり気にして、つまりは横の視線が過剰で、もっと集中して自分の仕事をやってくれよ、と言いたくなるようなタイプが。お調子者で、上の人にゴマをすって保身に走るのはうまいが、どうも真剣に自分の仕事をやらないというタイプです。

このタイプが、もう少しバランスが改善されると、調整派として重要な役を担うことも可能です。また、飲食店経営や水商売で、フロアを担当するためには、この横の視線が利かないと、さまざまなところから苦情が起こります。クラブのママと言われる人で、成功している人は、前のお客さんに縦の視線をしっかり使いながらも、実に巧みに横の視線を走らせるのです。

逆に、自分の仕事にのめり込んでしまって、まったく周りの見えなくなるタイプ、これも組織では困ります。優先すべき仕事の判断を誤って、全体の動きを止めてしまうというのが、このタイプです。

しかし、職人と言われる人はこれでよかったりするのです。僕たちのような予備校講師も、こちらに属していますから、授業のことだけを、生徒の満足だけを考えていればいいのです。本当は「ほかの講師がああだこうだ」なんて言う必要はまったくないんですが、こういう横の視線ばかりよく動く講師がいるから困るんです。

つまり、**縦の視線と横の視線のバランスは、その仕事や状況によって変わるべき**ものなのです。だから、自分の仕事と、縦横の視線のバランスがうまく合っていれば問題はまったく起きません。

みなさん自身はいかがですか？　まず自分のタイプを冷静に判断してください。縦派だと自覚する人は、もう少し横の視線を使うべきだったと思われるような記憶はありませんか？　逆に横派の人も同様です。

大切なことは済んでしまったことではなく、これからどうするかです。時々、今の自分の視線のバランスはどうだろうと、自分でチェックして、その仕事に合うように修正していけばいいんです。もし部下のバランスが崩れていると思えば、アドバイスしてあげましょう。上司の場合には、なかなか言いにくいですね。上司のプライドを傷つけず、越権行為にならないように陰でうまくフォローするよう、頑張ってください。

今述べてきたような人間把握を可能にする麻雀は、基本的に縦の勝負に徹すればいい競馬やパチンコとは一線を画するものです。本当によくできていると思います。解剖学者の養老孟司さんは、人間が作り出すのは、人間の頭のなかにあるものだけだ、という趣旨のことをおっしゃっていましたが、本当にこんな素敵なものが人間の頭のなかにあったんだろうかと疑いたくなるほどです。その発明者は明らかではありませんが、もし今いたら、直ちにノーベル賞を授与してほしいくらいです。

だから、今の若者が麻雀をしなくなったことをひどく憂いてもいるのです。高度成長期に麻雀を打つ人が多く、この不況期に減っているというのは単なる偶然でしょうか?

改めて、ゲームの罪は重いなぁと思います。ゲームではだめなのです。オンライン麻雀もダメなのです。生きた人間の気配を、五感を駆使して感じ取る感覚の練磨の不足を、僕は本当に危惧しています。

「今でしょ！」の「今」を考えるコラム⑥

今の若者への〝乱暴な〟アドバイス

僕が担当している東大特進大阪会場の雰囲気は何とも異様です。人数は約１００人ですが、その半数以上を占めるのが、関西トップ、いや日本トップと言ってもいい、兵庫県の某名門校の生徒です。ほかにも関西の俊英たちが大挙していて、これ以上優秀な現役受験生の集団は日本中見回しても、ほかにはいないだろうという話をスタッフともよくします。

優秀な彼らは、普通の授業では満足してくれません。授業内容を徹底的に練り上げつつ、ときに「お話」も用意します。そのなかで、少し「過激」ですが、彼らがその優秀な理解力で真意をしっかり受け止めてくれて、評判もよかったものを１つ、ご紹介しましょう。

「学生時代にやりたいことがあったら、貯金なんかやめて、全部やりなさい。それでもお金が足りなかったら、頭を下げて親に借りなさい。もう借りる理由が見つからないと思っても必ず見つかるものです。僕が莫大な経験に基づいて言うんだから間違いありません」

最近の新聞に、学生の生活費の減少を伝える記事が載っていました。衣料費も勉学費も減っていると。不況なんだから仕方がない、でも、本当にそうなんでしょうか?

世が不況だろうがなんだろうが、若くて感性の豊かな時代は一度きりです。もし、あとで景気が回復したとしたときに、青春をやり直そうとしたってできるものではないんです。

若者の特権ってなんなんですか? 失敗をしたって許されることでしょう。せっかく「特権」を持っているのに縮こまって生きるなんて、実にもったいないことです。そう、今の若者は「萎縮」しているんです! しかし、彼らをそうさせているのは、将来に明るい展望を示すことのできない私たち大人の責任です。本当に私たちの責任は重いと思います。

それでも、思います。もう少しはじけてほしい、と。背伸びして大人の世界に首を突っ込んで、ガツンとやられればいいんです。背伸びしなければ、背は伸びません。

さらに言えば、若いときにできる貯金なんてしれています。もちろん将来の夢のために資金をためているというなら、それは否定しません。しかし、本当の貯金は通帳ではなく、自分のなかに蓄えていくものです。それがのちに大きな花を咲かせるもとになるんです。そもそも、20代の若いうちに無駄遣いなんてあるんでしょうか? 一見、無駄遣いに見えても、それは負け方を知り、自分の内側に「財産」を蓄えるための貴重な投資なのです。

できる貯金の額がしれているということは、できる借金の額もそうだということです。

同じムチャを50過ぎてやらかしたら、本当に取り返しがつきません。でも若い人には、取り返す時間も長く残っているのです。

そこで出てくるのが、親に借りる、という発想なのです。親からしてみても、自分に黙ってよそで借金をこしらえるほうが困るはずです。そもそも、親は子どものために頑張るのではありませんか？　その子どもにとって、成長のための必要な投資なんです。実際、僕の母親は僕のウソがわかっていたが、それくらいのことをしないのも考えものだとも思った、とのちに語ってくれました。

僕の「お話」は、こういう考えに基づくものです。その「投資」のおかげで大きくなれたら、ちゃんと返しなさいとも言います。僕自身は、30を過ぎてすべて返済しました。

しかし、この話にはさらに先があります。親に迷惑をかけたという自覚は、自分が親になったとき、子どもを見つめる視線にしっかり活かされます。結局は、今度は自分が、子どもを「萎縮」させることなく、大きく育てる親にもなれるのです。

実際には、家庭の事情によって、それがなかなか不可能なことであるのは重々承知しています。それをわきまえつつ、ギリギリまではじけるという聡明な現実感覚を、僕は今の若者に期待したいのです。

おわりに　～震災を経て「今」～

忘れもしない1年前の3月11日、僕は東京の吉祥寺のスタジオで授業の収録をしていました。それを終えて、駅に向かう途中に、大きな揺れを感じたのです。

電車が止まってしまったので、もう一度スタジオに戻りました。大変なことが起きたということだけはわかりましたが、何が、どう大変なのかはさっぱりわからないまま、ぼんやりとテレビを眺めていました。

結局、在来線も動かず、ようやく確保した大塚のホテルに徒歩で向かったのは午後8時過ぎでした。途中、通り沿いの自転車店で、1台の自転車を手に入れました。その後は、帰宅の足を奪われて歩いて家に向かう人たちの表情が意外に明るかったせいもあって、一種のサイクリング気分さえ味わっていたのです。今考えれば実に不謹慎な話です。

本当に寒い夜でした。コンビニを見るたびに缶コーヒーを買いました。近道をしようとして道を間違え、池袋付近では生まれて初めて自転車で居眠り運転をして、道端の茂みに頭から突っ込むなど、いろいろありましたが、午前1時半にようやくホテルにたどり着きました。吉祥寺を出て5時間半後のことです。

粗末な場末のホテルでテレビをつけた瞬間、目に飛び込んできた光景は今でも鮮明に浮かびます。炎に包まれた気仙沼――。疲労と混じりつつもどこかに潜んでいた僕の軽薄さは、その瞬間、完全に飛散しました。自分がベッドの上で正座していると気づいたのはずいぶんあとのことで、ただテレビを見つめるだけの一夜が過ぎていったのです。

翌日以降に明らかになった様々なことを、こまごまと書く必要はないでしょう。

僕の震災体験は、そう言うのもおこがましいほど、軽微なものでした。

その後、ささやかながらも復興のお手伝いをし、人々が立ち上がるさまを見てきた僕には今、1つの確信があります。それは、僕たちは大きく変わった、ということです。

いかに自分たちがもろい基盤の上に暮らしていたのかを思い知らされました。危険はほんの紙一枚隔てたようなところで、身を隠していただけなのです。

震災直後の東京の薄暗さを覚えている人も多いでしょう。節電のために街の明かりが消されました。僕たちが暮らしていたのは、本当はこんなにも薄暗い世界だったのです。それなのに、無理やり強い光を当てて、華やかさを装っていただけなのです。

人々は「今」、それに気づきました。だからこそ、自分とかかわりのあるささやかな、しかし確かなものを大切にするようになったのだ、僕はそう感じています。「絆」という言葉がすんなり心に沁み込んでいきました。家族、恋人、友だちとの、さらには自然とのつながりがどれほど大切なのかを、今僕たちはかみしめているのです。

街を見ても、バブル期のような毒々しい顔は減って、皆がささやかかもしれないが、大切なものをしっかり握りしめているように感じるのです。一方で「今」、ちょっと自信のなさそうな顔をよく見るのも事実です。だから、僕はこの本を書いたのです。

僕自身がどれほどの人間でもないことは十分自覚しています。それでも、胸を張って前に向かって確かな歩を進めているという自信はあります。とにかく元気です。それを可能にしているさまざまな考え方を知ってもらうことで、1人でも多くの人に元気になってもらえるのではないだろうか？　そう考えたからこそ、この本を書いたのです。

日々のささやかなものを大切にして、自信をもって生きていけば幸せはそれほど遠いものではありません。そしてまずは誰か1人でも幸せになればいいのです。なぜなら、ポール・シーラーが言うように、「幸せを増やす唯一の方法は、それを分け与えること」だからです。本当に幸せな人は、人を幸せにしつつ、さらに幸せになっていくものなのです。

今の若者はそれに気づいていると思います。ちょっと元気がないかもしれないけれど純粋で繊細な彼らは、「自分だけが幸せであるという不幸」の悲しみがわかっているのです。

まずは、1人が幸せになること――。そのための力強い1歩をどう踏み出せばいいのかが、もしわかったとしたら、あとは行動あるのみです。

「いつやるか？　今でしょ！」

もうあえて、言う必要はないでしょう。

ささやかなものの大切さに気づいた繊細な人々が、自信をもって生きていけますように。

この本にそれを手助けする力があることを、ただ願うばかりです。

最後に、この本の出版にあたり、今までずっと自由に仕事を進めることを許してくれただけでなく、CMにまで起用してくれた、「東進」にまず、感謝いたします。次に、そのCMにおいて、この本のタイトルにもなっているセリフを発掘してくださった広告会社の方にも。そして最後に、僕に声をかけてくださり、本を書くのが初めての僕を励まし、何とか出版まで導いてくださった編集の九内俊彦さんに感謝の意を表します。みなさんのおかげでここに至ることができました。本当にありがとうございました。

二〇一二年三月吉日　林　修

林　修（はやし・おさむ）

東進ハイスクール現代文講師

1965年、愛知県名古屋市生まれ。東進ハイスクール、東進衛星予備校の現代文講師。東京大学法学部卒。のちに経営破綻した日本長期信用銀行（長銀）に入行するも、半年足らずで「漠然とした危うさ」を感じて退社。その後、予備校講師となる。現在、驚異的な東大合格実績の躍進を示す同予備校において、東大・京大コースなどの難関コースを中心に担当し、特に東大受験生からは業界随一と言える圧倒的な支持を得ている。また、本書のタイトルにもなっている、東進のテレビコマーシャルでのセリフ「いつやるか？　今でしょ！」はあまりにも有名。さらに、豊富な知識と核心を突く物言いで、テレビ番組でも活躍する。主な出演番組は『世界は言葉でできている』『たけしの新・教育白書～「学び」って楽しいぞSP』（ともにフジテレビ系）、『ZIP!』（日本テレビ系）など。

いつやるか？ 今でしょ！
（いつやるか？ いまでしょ！）

2012年3月24日　第1刷発行
2013年7月11日　第14刷発行

著　者　林　修
発行人　蓮見清一

発行所　株式会社 宝島社
〒102-8388 東京都千代田区一番町25番地
電話：（営業）03-3234-4621
（編集）03-3239-0400
http://tkj.jp
郵便振替：00170-1-170829（株）宝島社
印刷・製本　サンケイ総合印刷株式会社

ISBN978-4-7966-9671-5